ILUZIE SAU REALITATE?

(RELECȚII ȘI FANTEZII DESPRE MISTERUL VIEȚII ȘI COMUNICAREA TEMPORALĂ)

CONSTANTIN M. N. BORCIA

DEDICAŢIE

Cărţilor care m-au format, m-au alinat şi m-au încurajat, precum şi filmelor care m-au inspirat şi m-au ajutat atunci când am avut nevoie…

MULŢUMIRI

Mulţumesc mamei mele Borcea A. Niculina, pentru tot sprijinul acodat.
Mulţumesc domnului Nicolae Sfetcu pentru consilierea editorială competentă şi amabilitatea cu care m-a onorat.
Mulţumesc domnului Sergiu Ioan pentru traducerea în engleză a unei părţi din text..

CUPRINS

INTRODUCERE   1

1   DESTINUL VIEȚII   3

    1.1. DEFINIREA BIOSFERELOR. BIOSFERELE ȘI LOCUL   6
ACESTORA ÎN CADRUL METAGALAXIEI

    1.2. APARIȚIA ȘI DISPARIȚIA BIOSFERELOR   28

    1.3. EVOLUȚIA BIOSFERELOR   34

    1.4 UNELE ASPECTE LEGATE DE TIPOLOGIA   37
BIOSFERELOR

    1.5. DESPRE CARACTERISTICILE BIOSFERELOR   43

    1.6. FENOMENE GENERATE DE BIOSFERE   45

    1.7. CONEXIUNI ÎNTRE BIOSFERE   46

    1.8. ORIZONTUL GNOSEOLOGIC ȘI ONTOLOGIC AL   49
BIOSFERELOR

    REFLECȚII FINALE   50

    BIBLIOGRAFIE SELECTIVĂ   54

2   MISTERUL COMUNICĂRII TEMPORALE   58

    2.1. INDICII PRIVIND COMUNICAREA TEMPORALĂ   58

    2.2 CÂTEVA SUGESTII UTILE   66

    2. 3. CÂTEVA EXEMPLE REFERITOARE LA   67
COMUNICAREA TEMPORALĂ

    2.4. TIPURI DE COMUNICĂRI TEMPORALE   71

    2.5. DESPRE CONDIȚIILE REALIZĂRII UNEI   74

COMUNICĂRI TEMPORALE

2.6. COMUNICAREA SPAŢIALĂ ŞI COMUNICAREA TEMPORALĂ (SCHEMĂ)   75

2.7 COMUNICAREA TEMPORALĂ (EXEMPLU)   77

2.8. PIRAMIDA – O "MAŞINĂ" DE COMUNICAT / CĂLĂTORIT ÎN TIMP ?   78

2.9. ASUPRA PROBLEMATICII CĂLĂTORIILOR ÎN TIMP   87

2.10 CLIPA ŞI ETERNITATEA   96

2.11 ÎNSEMNĂRI DIVERSE   106

CUVÂNT DE ÎNCHEIERE AL AUTORULUI   127

TEXTS IN ENGLISH - FEW EXCERPTS   128

DESPRE AUTOR   139

"3. 1. Toate își au vremea lor, și fiecare lucru de sub ceruri își are ceasul lui."
ECLEZIASTUL - [-- BIBLIA ROMANA.COM --]

" Nu-i nevoie să construiești un labirint atâta timp cât universul e labirintul cel mai perfect."
JORGE LUIS BORGES

.

INTRODUCERE

În această carte am reunit câteva reflecţii despre misterul vieţii şi despre comunicarea temporală... În acest sens, am abordat diverse aspecte, cum ar fi, spre exemplu, cauzele şi modalităţile de apariţie ale biosferelor în galaxii precum şi evoluţia acestora; rolul sau funcţia pe care o au în cadrul galaxiilor; efectele activităţii lor în galaxie); deşi în acest moment, nu există vreo dovadă, iar fantezia este evidentă, totuşi aceasta nu constituie un argument de respingere a unor astfel de idei – pur şi simplu aparatura de observaţie sau de experiment încă nu este realizată. Referitor la comunicarea în timp, succint pot să precizez următoarele. Comunicarea în timp înseamnă un anumit contact, o anumită legătură între două sau mai multe persoane, între două sau mai multe conştiinţe situate în epoci diferite. Precum se ştie, comunicarea în spaţiu se realizează prin limbaj (verbal sau prin scris, prin semnale diverse). Comunicarea în spaţiu se poate realiza şi prin telepatie, după cum au fost de acord diverşi cercetători. Este oare imposibilă o legătură între mai multe persoane situate diferit în timp, spre exemplu, o persoană aflată undeva în antichitate şi alta situată undeva în epoca modernă ? Poate că nu...

Ştiu, pare absurd ca o persoană din... prezent (sau conştiinţa acelei persoane din prezent), din această clipă, căreia îi spunem prezent, pare absurd să comunice cu altă persoană, cu altă conştiinţă, cu alt creier, din trecut, de acum... o mie de ani, ştiind că acea persoană din trecut este moartă – creierul acelei persoane fiind descompus, dezintegrat... Şi tot astfel, pare să fie absurd ca o persoană din prezent să comunice cu o altă persoană din viitor, care nu s-a născut, aşadar, şi nici cea mai vagă bănuială de existenţă a sa nu se prefigurează... Dar cum este posibil ca o persoană din prezent să emită sau să primească mesaje de la alte persoane din trecut sau din viitor ? Iată o întrebare fundamentală !

Mai este de subliniat că viaţa a apărut la un moment dat al evoluţiei Universului, ca urmare a unui echilibru optim între energia, substanţa şi informaţia Universului... După crearea acelui echilibru optim, viaţa nu a mai apărut, ci numai s-a perpetuat şi a evoluat... Dacă s-ar putea reface un astfel de echilibru optim, atunci se mai poate repeta apariţia vieţii... Care este acest echilibru optim ? Rămâne de cercetat...

Chiar dacă viaţa ar fi sintetizată în laborator de nişte savanţi, folosind o tehnologie deosebit de complexă, chiar şi aşa, se poate spune că viaţa a fost DETERMINATĂ sau SINTETIZATĂ, dar nu se poate spune că a apărut ! Viaţa a apărut o singură dată, cândva, la începutul UNIVERSULUI !... Apoi, viaţa s-a perpetuat şi s-a răspândit !... Chiar şi acei savanţi care sintetizează viaţa în laborator, nu fac altceva decât să perpetueze viaţa... VIAŢA NU POATE SĂ APARĂ ÎN UNIVERS DECÂT O SINGURĂ DATĂ !...

Sunt mai multe întrebări la care ar trebui să se răspundă:
- de ce şi cum a apărut viaţa în Univers şi pe Pământ ?
- ce rol are viaţa (sau care sunt atribuţiile vieţii) în Univers ?
- oare una dintre atribuţii ar putea fi aceea de a converti energia în informaţie şi invers ?
- cum este repartizată viaţa în Univers ?
- există o limită a diversităţii vieţii în Univers şi pe Pământ ?
- dacă viaţa generează fenomene paranormale, atunci ce sens şi semnificaţie au aceste fenomene ?

Desigur că problematica este complexă, iar răspunsurile la aceste întrebări sunt greu de formulat... Totuşi, nimic nu ne împiedică să visăm... Şi poate că unul dintre aceste vise va deveni realitate... Uneori, distanţa de la vis la realitate este doar de un pas...

*

Unele texte au apărut în mai multe cărţi publicate la editura Printech (în perioada 2009-2012) – revizuite acolo unde a fost cazul, dar am adăugate şi altele noi...

1. DESTINUL VIEȚII

"În sistemul nostru matagalactic există sute de milioane de galaxii, iar fiecare galaxie poate fi formată din miliarde și sute de miliarde de stele. Chiar și în Galaxia noastră, care cuprinde aproximativ 150 de miliarde de stele, pot exista sute de mii de planete pe care apariția și dezvoltarea vieții sunt posibile."

A.I. Oparin, V.G. Fesenkov – "Viața în Univers" (Editura Științifică, București, 1961, trad. Adrian Costa, Dan Lăzărescu, pag. 215)

Astrobiologia este în mare măsură o știință de viitor și se referă la posibilitatea existenței vieții pe alte corpuri cosmice decât pe Pămînt. Dar, mai întâi trebuie definită noțiunea de **biosferă**. **Biosfera** (din limba greacă: *bios* – viață + *sphaira* – glob) este învelișul sau acea parte a globului pământesc (sol și subsol, atmosferă și hidrosferă) care conține organisme vii (plante, animale). În cadru mai larg, biosfera este un sistem, respectiv un ansamblu de elemente interdependente care concură la realizarea unei unități sau a unui întreg organizat, a cărui caracteristică esențială este VIAȚA și tot ceea ce se leagă de aceasta. Așa cum se cunoaște, biosfera terestră a apărut și s-a dezvoltat datorită existenței condițiilor fizice, chimice, geologice, cosmice, favorabile apariției și dezvoltării sale. În general toate biosferele care ar putea să existe în metagalaxie, depind de anumite valori ale unor parametri fizio-chimici, planetari, stelari, cosmici. Dacă valorile acestor parametri sunt prea mari sau dimpotrivă prea mici, dacă modificările acestor parametri sunt prea bruște, atunci biosferele fie nu pot să apară, fie dacă au apărut, pot dispare. Interacțiunile dintre mediul cosmic și biosfere implică perturbarea acestor parametri. În altă ordine de idei şi într-un context general, problemele care se pun sunt: de a studia cauzele apariţiei biosferelor precum şi modul de apariţie al acestora în galaxii; evoluţia acestora şi rolul sau funcţia pe care o au în cadrul galaxiilor; ce efecte au în galaxii activitatea biosferelor; care sunt conexiunile dintre biosfere şi care este destinul biosferelor. Este de precizat că termenul de galaxie (galaxii) se referă la toate tipurile de galaxii cunoscute actualmente, susceptibile de a permite apariţia şi conservarea vieţii. Mai este de precizat că biosferele se pot dezvolta şi pot genera civilizaţii şi de asemenea, biosferele, pot fi de mai multe feluri, spre exemplu parapsihosferele, intelectosferele... În prezent, singura biosferă cunoscută concret este biosfera terestră, aşadar o biosferă care a apărut şi s-a dezvoltat pe planeta Pământ, în galaxia Calea Lactee. Alte biosfere nu sunt decât presupuse – datorită unor calcule şi judecând prin analogie cu studiul biosferei terestre. Faptul că până în prezent nu se cunosc concret alte biosfere, că biosfera terestră nu se află în contact sau în interacţiune cu alte biosfere, nu înseamnă că acestea nu există. Totuşi, presupunând că biosfera terestră ar fi singura care există în galaxie şi în Univers, atunci ne putem întreba, de ce a apărut ? Dacă au existat condiţii favorabile pentru apariţia ei, de ce nu ar exista aceste condiţii favorabile şi pe alte planete ori alte sisteme cosmice ? Apar alte şi alte întrebări care nu vor primi un răspuns satisfăcător, astfel încât deşi este posibil ca biosfera să fi apărut numai pe planeta Pământ, este totuşi puţin probabil. Deja sunt câteva indicii privind existenţa altor biosfere: fragmente de materie organică provenite de la meteoriţi, unele observaţii astronomice legate de formarea substanţelor organice în spaţiul interstelar, obiecte zburătoare neidentificate...

În altă ordine de idei şi în principal, există două aspecte:

- fie că apariţia şi dezvoltarea biosferei terestre (precum şi a celorlalte) nu are vreo importanţă în cadrul galactic de ansamblu, în sensul că formarea şi evoluţia galaxiei a favorizat, prin condiţiile create, apariţia şi dezvoltarea biosferei şi atât; aşadar, apariţia şi dezvoltarea biosferei este numai posibilă dar nu şi necesară în evoluţia galaxiei;

- fie că, dimpotrivă, apariţia şi dezvoltarea biosferei este nu numai posibilă ci şi necesară în evoluţia galaxiei; acest lucru trebuie înţeles nu numai din perspectiva faptului că, întrucât s-au format condiţiile galactice de apariţie a vieţii, aceasta a apărut cu necesitate, ci trebuie înțeles dintr-o perspectivă de ansamblu care vizează structurile și procesele galactice în general, respectiv galaxia în totalitate.

Așadar întrebarea este: biosfera (sau în general biosferele) are, (respectiv au) vreun rol, vreo funcție în galaxie ? Și în general, biosferele au vreo funcție, au o anumită influență asupra metagalaxiei ? (După cum se știe, metagalaxia este un sistem ipotetic în care ar fi înglobate galaxiile sau altfel spus, este o parte a universului în care se află galaxiile cunoscute până în prezent de om). În momentul de față problema aceasta nu s-a pus, considerându-se că viața a apărut, pe plan cosmic, datorită faptului că au existat condițiile favorabile (planetare, stelare, galactice) de apariție a sa. Deci, din moment ce a apărut, implicit, ea a fost posibilă și necesară. Dar, de ce a fost posibilă ? Și de ce a fost necesară ? Așadar biosferele au apărut ca o necesitate în dezvoltarea (evoluția și stabilitatea) galaxiilor ? Sau, dimpotrivă, apariția biosferelor (în particular a celei terestre) este numai o urmare a existenței condițiilor favorabile pe planete ? Pe de altă parte, trebuie să ne gândim că, totuși, biosfera nu putea să apară din întâmplare și la întâmplare, fără să aibe o legătură cu evoluția de ansamblu a galaxiei… Ne putem gândi la următorul aspect. Considerând galaxia ca fiind un megasistem cibernetic s-ar pune problema autoreglării megasistemului. Fiind un megasistem cibernetic finit, în galaxie ar trebui să existe anumite entități care să asigure stabilitatea. Una dintre aceste "entități de stabilizare", ar putea fi biosfera (biosferele). Modul efectiv cum este realizat acest proces este necunoscut fiind, se pare, destul de complex, ca și problematica generală a rolului biosferelor în galaxie. Așadar biosfera nu este un "capriciu" al galaxiei, aceasta ar trebui să îndeplinească anumite funcții la nivel galactic și ar trebui să se supună unor legități care să îi permită subzistența, în caz contrar, însăși cauza existenței biosferei în galaxie rămâne un mister absolut. Odată încălcate legitățile, biosfera va dispare, se va dezorganiza, iar materia care o compunea va reveni la un stadiu de organizare anterior apariției și dezvoltării biosferei respective. Ne-am putea imagina deci că una dintre posibilele funcții ale biosferei în cadrul sistemului galactic, este aceea de a realiza o stabilitate (relativă) a acestuia. De altfel problema se pune într-un context mai general: de ce Universul (format cândva), generează complexitate, respectiv sisteme care pe măsură ce evoluează se complexifică ? Această problemă sugerează ideea că, de fapt, ceea ce cunoaştem despre Univers, este numai o parte din acesta, că de fapt Universul este o componentă dintr-un ansamblu mult mai complicat, că este integrat într-o structură mult mai complexă decât ne putem imagina, că spaţiul, timpul, câmpurile fizice, etc., nu sunt singurele atribute sau forme de existenţă ale Universului înglobat în acest ansamblu (numit şi HIPERUNIVERS sau MARELE UNIVERS). Biosferele reprezintă o expresie sau o formă de stabilitate DINAMICĂ deosebită şi conduc la o formă sau o expresie a stabilităţii deosebită şi în galaxie. Rămâne de văzut de ce şi cum se realizează aceasta.

1.1. DEFINIREA BIOSFERELOR. BIOSFERELE ŞI LOCUL ACESTORA ÎN CADRUL METAGALAXIEI

Atunci când se definesc biosferele se ţine cont de următorii parametri:

1) *Parametri fizici* - (parametri mecanici - forţe, mişcare, impulsuri, energii, momente cinetice, etc.; parametri termodinamici - temperatură, entropie, presiune, volum, etc.; parametri gravitaţionali - intensitatea câmpului gravitaţional, raza gravitaţională, etc.; parametri electrici şi magnetici - câmpul electrostatic şi magnetic al planetei şi al biosferei, etc.; parametri electromagnetici - intensitatea câmpului electromagnetic, lumina şi în general radiaţia electromagnetică de diferite frecvenţe, etc.; parametri radioactivi - radiaţii şi dezintegrări radioactive, etc.; parametri energetici diverşi şi parametri cuantici.

2) *Parametri chimici* - (spre exemplu – compoziţia chimică, atât în ceea ce priveşte elementele chimice componente cât şi compuşii chimici, precum şi reactivitatea chimică, varietatea energetică chimică - termogeochimia planetei, etc.).

3) *Parametri planetari (geologici)* - (spre exemplu – masa planetei, precesia planetei, iradierea planetei, evoluţia planetei în jurul stelei centrale, etc.).

4) *Parametri stelari* – (sunt biosfere care depind de o sursă de energie (în general de energia generată de o stea), aşadar depind de caracteristicile stelei, de evoluţia acesteia).

5) *Parametri galactici şi cosmici* – (natura sau tipul galaxiei, depărtarea de nucleul galactic, etc.).

6) *Parametri interni şi ecologici* – (sunt parametri structurali interni, de organizare a biosferei, de exemplu pentru biosfera terestră –

parametri individuali, de specie, de gen, de regn, etc., respectiv, parametri ecologici (de biotop, de biocenoză, de relații trofice, etc.).

7) *Ecosfera* - reprezintă un ansamblu de parametri reprezentând limitele spațiale, fizico-chimice, cosmice, până la care o anumită biosferă se poate extinde.

Apariția și apoi evoluția vieții este încă un mister... Cu toate că sunt multe ipoteze, multe observații și multe experimente, încă nu este nimic cert în ceea ce privește geneza vieții... Putem admite următoarele posibilități...

- Ipoteza unicității vieții (biogeocentrică) – viața este ceva unic, irepetabil; viața a apărut numai pe planeta Pământ, datorită unor împrejurări excepționale, dar care nu se vor mai repeta; odată apărută viața pe Pământ, aceasta nu va face altceva decât să evolueze neîncetat. Viitorul vieții pe Pământ este fie dispariția la un moment dat, fie expansiunea limitată sau nelimitată (a se vedea anexa 1)... Totuși se impun unele întrebări... De ce a părut viața în Univers și în particular pe planeta Pământ ? Ce rol sau ce funcție are viața în Univers ?...

- Ipoteza vieții sincronice (ipoteza complexă) – viața a apărut cândva în Univers, datorită unui sincronism perfect între energia, substanța și informația Universului, iar apoi, viața s-a perpetuat, s-a dezvoltat, s-a diversificat... De asemenea, ar fi de presupus că viața este de fapt un efect cuantic, efect care a exista cândva pe la începuturile Universului, dar apoi a dispărut (nu a mai fost posibil să existe, datorită evoluției de ansamblu a Universului); de asemenea ar fi posibil ca viața să fie un efect al interacțiunii unui câmp fizic special care exista la începuturile Universului, un câmp complex, care apoi s-a diminuat sau s-a disipat într-un anumit fel...

Schema ar putea fi următoarea:

....→ Big Bang → evoluția nucleară → formarea particulelor elementare, a nucleelor atomice → evoluția chimică (formarea atomilor și a elementelor chimice) → astrogeneza (formarea stelelor și a altor corpuri cosmice + biogeneza cosmică: formarea primelor formațiuni biologice) → consolidarea agregatelor cosmice →...

Este de presupus că viața are un anumit rol, o anumită funcție în existența Universului.

- Ipoteza multilaterală – este de fapt, într-un fel, derivată din ipoteza vieții sincronice și anume se poate presupune că viața a apărut numai în anumite condiții, imediat după formarea galaxiilor și are un anumit rol în stabilitatea și funcționalitatea acestora... Care este, concret, acest rol, este o problemă care urmează să fie rezolvată cândva, în viitor...

1.1.1. Interacţiunea dintre mediul cosmic şi biosfere

Aşa cum se cunoaşte, biosfera terestră a apărut şi s-a dezvoltat datorită existenţei condiţiilor fizice, chimice, geologice, cosmice, favorabile apariţiei şi dezvoltării sale. În general toate biosferele care ar putea să existe în metagalaxie, depind de anumite valori ale unor parametri fizico-chimici, planetari, stelari, cosmici. Dacă valorile acestor parametri sunt prea mari sau dimpotrivă prea mici, dacă modificările acestor parametri sunt prea bruşte, atunci biosferele fie nu pot să apară, fie dacă au apărut, pot dispare. Interacţiunile dintre mediul cosmic şi biosfere au loc, simultan, cu perturbarea acestor parametri. Cele mai frecvente interacţiuni sunt de natură fizică şi chimică, apoi sunt interacţiuni reciproce (de natură biologică); mai rar sunt interacţiuni geologice (locale), planetare (catastrofale) şi cosmice (meteoriţi, radiaţii cosmice, explozii stelare, etc.).

1.1.2. Biosfera şi metagalaxia

Dacă admitem că galaxia este o formă de organizare a materiei aflate în mişcare în spaţiu şi timp şi că această organizare corespunde în linii mari cu un ansamblu sau sistem cibernetic în care toate componentele galaxiei au fiecare o anumită funcţie mai mult sau mai puţin precizată, atunci se poate considera că şi biosferele au o funcţie în cadrul galaxiilor.

Pentru a surprinde mai bine locul biosferelor în ierarhia metagalaxiei, vor fi luate în considerare două scheme generale a organizării acesteia. Metagalaxia reprezintă Universul observabil şi cunoscut cu mijloacele ştiinţifice şi tehnice de care dispune civilizaţia umană la momentul actual. Structurile şi procesele care au fost evidenţiate sau cel puţin presupuse în această etapă a dezvoltării ştiinţei, ar putea fi descrise sub forma unui tabel (tabelul 1.1.) (Revizuit şi adaptat din Florescu Mihail, " Materia sau realitatea obiectivă ", editura Politică, 1972, Bucureşti).

Tabelul 1.1. Niveluri și componente

* **Niveluri structurale >>> Particulele și structurile componente**

* INFINITUL "mic" - Energie, spațiu, timp, "câmp continuu", câmp unitar (*nivel subcuantic*) >>> "Etheronii" ?, "Toponii" ?, "Crononii" ? "Materonii" ?

* Condensări de energie fundamentală, câmp gravitațional (*nivel precuantic*) >>> Quarci, gravitoni.

* Câmp electromagnetic, câmp mezonic, câmp nuclear, radiații cosmice, radiații nucleare (*nivel cuantic*) >>> Fotoni, electroni, mezoni, nucleoni, neutrini, protoni, neutroni, etc.

* Plasmă >>> Atomi puternic ionizați

* Elemente chimice >>> Atomi

* Substanțe chimice minerale >>> Structuri chimice, molecule, agregate amorfe, cristale, cristale coloidale

* Substanțe biochimice, biosubstanța >>> Macromolecule, molecule-gigant

* Materia vie, protoorganisme >>> Celule, virusuri, bacterii

* Organisme vii >>> Țesuturi, organe, sisteme, aparate

* Viețăți >>> Plante, animale, oameni

* Mediul planetar >>> Structuri paleontologice, mineralogice, geologice, sedimentare, relief, sisteme socio-economice

* Corpuri cerești, mediul interplanetar (aștrii, comete, planete, meteoriți, praf cosmic, etc.) >>> Structuri plasmatice, mineralogice, agregate amorfe de mari dimensiuni.

* Sisteme astrale (sisteme stelare, galaxii, radiogalaxii, quasari, pulsari) >>> Structuri planetare, asociații de stele, structuri materiale superdense (colapsari sau găuri negre).

* Sisteme galactice (mulțimi de galaxii, roiuri de galaxii, atractori, etc.) >>> Structuri cosmice

* Universul. Marele Univers >>> "Hiperstructura" ?

* INFINITUL "mare" >>> ...

O altă schemă generală are în vedere gradul de organizare a metagalaxiei, respectiv creșterea complexității, pornind de la formele existențiale dezorganizate, haotice și sfârșind cu acelea ce ating un grad înalt de organizare și complexitate.

Pe o scară arbitrară de la 0 (zero) la 9 (nouă), schema ar putea fi descrisă astfel (tabelul 1.2.).

Tabelul 1.2. Complexitatea și entitățile corespunzăroare

* Grad de organizare (complexitatea) >>> Forme existențiale (entități)

* Gradul zero (haos, grad mare de dezorganizare) >>> Praf cosmic, molecule și atomi în agitație termică, praf, suspensii, mișcare browniană.

* Gradul 1 (grad oarecare de organizare, de complexitate) >>> Nori cosmici, radiații difuze, fluide în mișcare turbulentă, substanțe amorfe...

* Gradul 2 (grad mai ridicat de organizare, de complexitate) >>> Câmpuri fizice, plasmă, radiații monocromatice (de tip "laser"), atomi, elemente și substanțe chimice, molecule, cristale, fluide în mișcare laminară...

* Gradul 3 (grad inferior mediu de organizare, de complexitate) >>> Biosubstanțe, substanțe organice, corpuri cerești (sisteme planetare).

* Gradul 4 (grad mediu de organizare, de complexitate) >>> Materia vie, organisme vii, sisteme astrale...

* Gradul 5 (grad superior de organizare, de complexitate) >>> Viețăți, ecosisteme, sisteme sociale, sisteme tehnice, sisteme galactice...

* Gradul 6 (grad mare de organizare, de complexitate) >>> Sistemul nervos...

* Gradul 7 (grad foarte mare de organizare, de complexitate) >>> Enisistructura (structurile "enigmatice", "paranormale")...

* ▼ Frontiera metagalactică ►►► >>> Includerea în HIPERUNIVERS

* Gradul 8 (grad deosebit de organizare, de complexitate) >>> Niveluri structurale ultracomplexe, superstructuri...

* Gradul 9 (grad inimaginabil de organizare, de complexitate) >>> Superniveluri structurale hipercomplexe, HIPERSTRUCTURA...

* .... INFINITUL COMPLEX >>> ....

NOTA

Se observă, din cele două tabele, că se stabilește o mare

concentrare de informație la nivelurile următoare (numite și niveluri speciale):

* **Niveluri structurale speciale >>> Particulele și structurile componente**

* Materia vie, protoorganisme >>> Celule, virusuri, bacterii.

* Organisme vii >>> Țesuturi, organe, sisteme, aparate.

* Viețăți >>> Plante, animale, oameni, sistemul nervos.

La nivelurile care se găsesc mai înainte și după nivelurile speciale, comparativ, informația este mai puțin pregnantă. Totodată, se mai poate observa că fiecare nivel este caracterizat de anumite structuri și de anumite procese care se desfășoară în anumite spații și într-un anumit timp. Spre exemplu în microspațiu și în microtimp (adică la niveluri corespunzătoare nivelului cuantic, se realizează structuri și procese specifice); complexitatea cea mai mare are loc așadar în zonele de tranziție dintre microspațiu, microtimp pe de o parte și respectiv mezospațiu, mezotimp pe de altă parte (respectiv între nivelul chimic și nivelul planetar). Aceste scheme generale privind gradul de organizare a metagalaxiei (prezentate în tabelele 1.1. și 1.2.), sunt completate de o altă schemă (schema 1.1.). Fiecărui nivel de organizare îi corespunde o anumită cantitate de substanță, de energie și de informație, precum și un anumit grad de complexitate.

(Restian A. – " *Unitatea lumii și integrarea științelor sau integronica*", Editura științifică și enciclopedică, București, 1989).

Schema 1.1. Principalele niveluri de organizare a materiei (Concentrarea informației se realizează între nivelul planetar și nivelul macromolecular, fiind semnficativă la nivelul sistemului nervos / creier.)

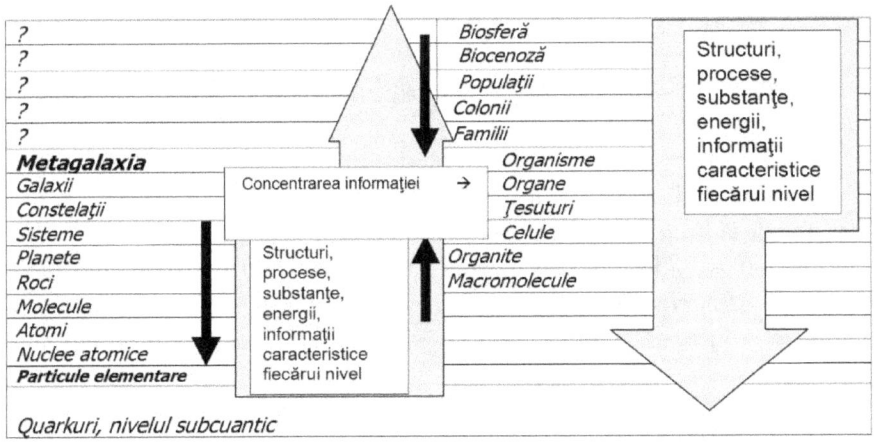

Aşadar biosfera (cel puţin biosfera de tip terestru sau biosfera teroidă) poate fi încadrată între nivelul structural reprezentat de substanţele biochimice şi nivelul reprezentat de mediul planetar, iar din punct de vedere al gradului de organizare, între gradul 3 şi gradul 6, dar nu este exclus ca pentru alte biosfere sau derivate ale lor (tehnosfere, noosfere, etc.), aceste limite să fie mult mai extinse (putând ajunge până la gradul 8 de organizare), respectiv să depăşească frontiera metagalactică şi nivelul subcuantic şi să fie incuse în HIPERUNIVERS...

1.1.3. Aspecte privind biosfera terestră

Ceea ce se poate spune deocamdată este că există o interacţiune directă (mediu cosmic – biosferă) şi respectiv inversă (biosferă – mediu cosmic). În general aceste interacţiuni nu sunt liniare, sunt dimpotrivă, complexe şi diverse. Există aşadar influenţe cosmice asupra biosferei terestre (metagalactice, galactice, solare, planetare) precum şi influenţe terestre (geologice, atmosferice, hidrologice, etc.). Pentru o imagine de ansamblu, se poate schiţa aceste influenţe în felul următor (figura 1.1.).

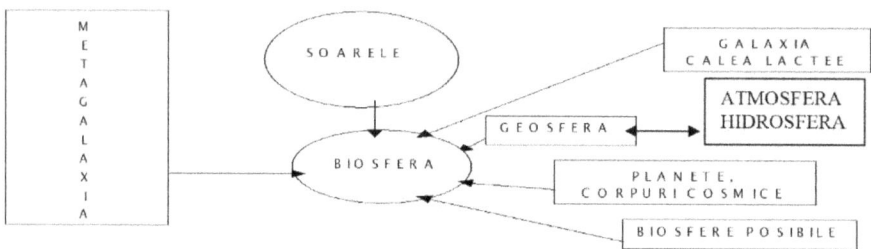

Figura 1.1. Categorii principale de influenţe asupra biosferei terestre → Integrarea biosferei terestre

În tabelul 1.3. este sintetizat modul de asociere a substanţei terestre de-a lungul razei terestre din centru până în exosferă.

(Preluat şi adaptat din cartea *"Biosferă"*, autor Lupei Nestor – "Editura Albatros, Bucureşti, 1977, pag. 47, 48)

Tabelul 1.3. Modul de asociere a substanței terestre din centrul plnetei până la exosfera

* **Aspecte de-a lungul razei terestre**
* * **Învelişul >>> Modul de prezentare a materiei**
* Material gazos. Treceri gradate la stări elementare (presiunea, densitatea, greutatea specifică, geochimia şi coeziunea în scădere); materia este răspândită cu o densitate în scădere, supusă unei expansiuni spre spaţiul cosmic.

* * Exosfera >>> Particule elementare. Stare gazoasă ionică.

* * Atmosfera înaltă >>> Stare gazoasă ionică. Stare gazoasă atomică.

* * Atmosfera joasă >>> Amestec de gaze în stare moleculară, rari compuşi din 2, 3 elemente.

* Maximum de complexitate.

* * Biosfera;

* * * vie >>> Complexe macromoleculare organice (sisteme coloidale).

* * * inertă >>> Compuşi minerali hidrataţi în stare coloidală, detritus mineral, sol, apă.

* Treceri la procese chimice mai sărace, la combinaţii din ce în ce mai simple, până la starea atomică (metalică) şi la particule elementare (?). Densitatea creşte; presiuni din ce în ce mai mari.

* * Hidrosfera >>> Stare lichidă, compuşi din 2, 3 elemente.

* * Scoarţa de alterare >>> Compuşi minerali din 2, 3, ..., n elemante; compuşi hidrataţi.

* * Scoarţa terestră >>> Compuşi minerali din 2, 3, ..., n elemente (silicaţi, oxizi, sulfuri, etc.); stare cristalină.

* * Astenosfera >>> Compuşi minerli din 2, 3 elemente; stare potenţial magmatică.

* * Mantaua superioară >>> Compuşi din 2 elemente: carburi, hidruri, nitruri, peroxizi ai metalelor.

* * Mantaua inferioară >>> Zonă de tranziţie

* * Nucleul extern >>> Stare metalică (atomică)

* * Nucleul intern >>> Stare metalică; particule elementare (?)

Cele mai complexe procese şi asocieri geochimice şi biogeochimice se produc în spaţiul ocupat de biosferă. În ambele sensuri, atât spre centrul planetei, cât şi spre exterior, materia devine din ce în ce mai simplă, ca organizare: înspre interior greutatea specifică şi densitatea sunt într-o remarcabilă urcare; în exterior, materia are o densitate din ce în ce mai scăzută, până la contopirea cu plasma interplanetară.

Se poate presupune că viaţa a apărut cândva, la un anumit moment al evoluţiei Universului, atunci când existau anumite condiţii favorabile, respectiv atunci când exista un echilibru optim între energia, substanţa şi informaţia Universului; a avut loc biogeneza cosmică... După crearea acelui echilibru optim, se poate considera că viaţa nu a mai apărut... Pur şi simplu, viaţa s-a perpetuat, a evoluat, s-a diversificat, s-a răspândit în Univers... (Figura 1.2.)

Dacă s-ar putea reface un astfel de echilibru optim, atunci se mai poate repeta apariţia vieţii... Care este acest echilibru optim ? Rămâne de cercetat...

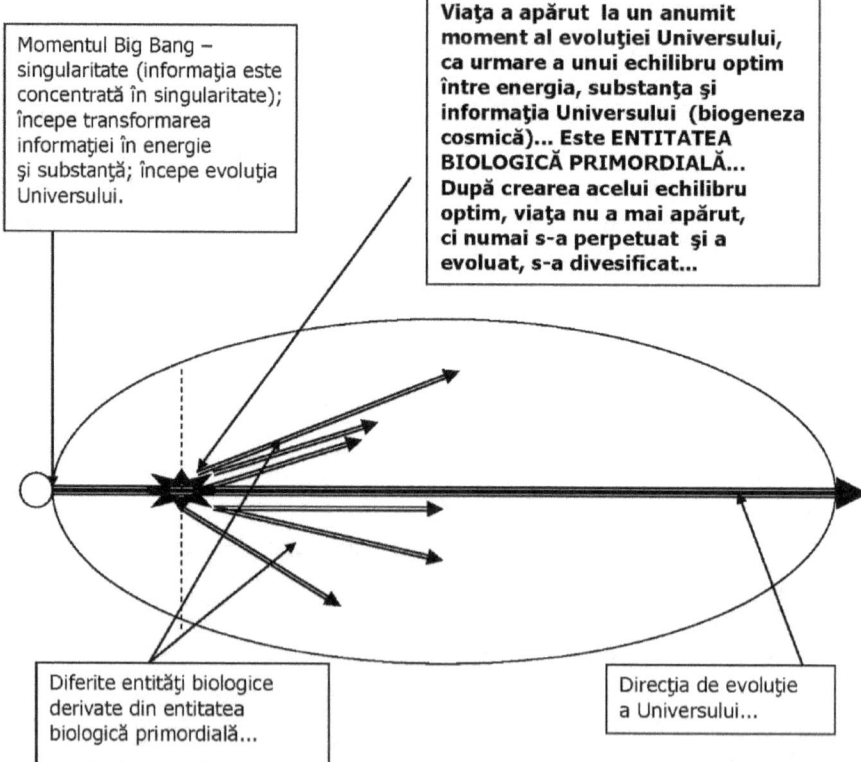

Momentul Big Bang – singularitate (informaţia este concentrată în singularitate); începe transformarea informaţiei în energie şi substanţă; începe evoluţia Universului.

Viaţa a apărut la un anumit moment al evoluţiei Universului, ca urmare a unui echilibru optim între energia, substanţa şi informaţia Universului (biogeneza cosmică)... Este ENTITATEA BIOLOGICĂ PRIMORDIALĂ... După crearea acelui echilibru optim, viaţa nu a mai apărut, ci numai s-a perpetuat şi a evoluat, s-a divesificat...

Diferite entităţi biologice derivate din entitatea biologică primordială...

Direcţia de evoluţie a Universului...

Figura 1.2. Schemă simplificată reprezentând apariţia şi evoluţia vieţii în Univers → Ipoteze privind apariţia vieţii pe Pământ

În general, în toate ipotezele privind apariția vieții pe Pământ, se susține că în evoluția de la simplu la complex, există o interdependență între evoluția fizico-chimică și evoluția biologică și că viața apare prin organizarea materiei pe niveluri sau trepte succesive de integrare:

particule elementare (preon, quark, nucleon, nucleu) $\rightarrow$ atomi $\rightarrow$ molecule $\rightarrow$ macromolecule (agregate moleculare) $\rightarrow$ celule $\rightarrow$ țesuturi $\rightarrow$ organe $\rightarrow$ sisteme de organe $\rightarrow$ individ (organism) $\rightarrow$ specie $\rightarrow$ biocenoză $\rightarrow$ lume vie (biosferă).

(Dumitru Constantin Dulcan – "Inteligența materiei", Editura Teora, București, 1992)

Printre ipotezele referitoare la apariția vieții pe Pământ se pot aminti următoarele...

$\rightarrow$ Ipoteza Oparin-Haldane. După această ipoteză, evoluția chimică și biochimică, în realizarea biogenezei, poate fi separată în trei etape succesive: etapa neorganică (anorganică), etapa organică și etapa biologică. Primele două etape alcătuiesc de fapt, perioada prebiologică. Perioada prebiologică, cu o durată întinsă, se referă la evoluția chimică a materialului primar, în condițiile unei compoziții primare a atmosferei și a hidrosferei; compoziția acestor două medii a fost de tip reducător. În atmosferă, substanțe ca hidrogenul, vaporii de apă, amoniacul și unele hidrocarburi, în special metanul, supuse unei intense iradieri (diverse radiații cosmice) precum și descărcărilor electrice, au dus la formarea unor substanțe complexe, cum ar fi aldehide, alcooli, acizi organici, azotat de amoniu și în cele din urmă la formarea de aminoacizi. Astfel de reacții s-au produs și în mediul acvatic și au rezultat, la început, substanțe organice micromoleculare de tipul aldehidei formice, glucozei, ribozei, acizilor grași, purinelor, pirimidinelor și în cele din urmă de tipul aminoacizilor. H. Urey și S. Miller, au efectuat diverse experimente pentru verificarea ipotezei. Într-unul dintre experimente, Stanley Miller, în 1953, a introdus hidrogen, metan, amoniac și vapori de apă într-un balon. Timp de o săptămână, a supus acest amestec din balon, unor descărcări electrice, la o temperatră constantă de 60 0 C. A rezultat aminoacizi (glicocol, alanină, etc.), acid formic, aldehică formică, acid acetic, acid cianhidric. Sub acțiunea radiațiilor gamma sau a radiațiilor ultraviolete, din aceleași gaze, presupuse că au existat în atmosfera primară, în prezența acidului fosforic și a derivaților lui, C. Ponnamperuma (1965), a obținut acizi nucleici la temperatura de 150

0 C. După ipoteza Oparin-Haldane, aminoacizii formați în atmosferă, unde au constituit un "bulion organic" sau o "supă organică" de natură prebiotică polimoleculare sau macromoleculare de tipul coacervatelor (termen introdus anterior de Bougenberg de Jong). Momentul trecerii de la etapa organică la perioada biologică îl oferă substanțele proteice din structura coacervatelor sau a microsferelor, adică niște aglomerări de material organic. Este de presupus un schimb de material organic și anorganic tot mai intens cu mediul, în urma căruia microsferele (coacervatele) evoluate, denumite *protobionți*, cu nutriție heterotrofă (nutriție efectuată pe seama proteinoizilor, adică niște substanțe asemănătoare întrucâtva proteinelor), au câștigat o mai mare precizie în coordonarea proceselor chimice și a autoreproducerii, fenomene încadrate înr-un proces metabolic unic, asemănător celui întâlnit la ființele vii. Prin apariția procesului metabolic unic, materia protobionților a devenit prima materie vie (A.I. Oparin, 1968).

Cu aceasta s-a încheiat perioada prebiologică sau chimică și începe *perioada biologică* cu apariția primelor organisme în care a început formarea de organite, necesare pentru a prelua diferitele funcții biologice.

Dar, cu apariția heterotrofiei, cantitatea de proteinoizi din mediu a început să scadă, ceea ce a condus la riscul dispariției acestor prime organisme, care se putea destrăma în confruntarea cu mediul în care s-au format.

Însă, după un anumit timp, s-a format membrana, care a modificat forma de arhiplast (organismele primare). A apărut astfel *celula*, în interiorul căreia s-a putut organiza mai rapid o structură internă, mai potrivită pentru solicitările impuse de mediu. Cu apariția pigmentului asimilator, organismele au trecut și la o viață autotrofă, putând să-și creeze substanța necesară creșterii și nutriției printr-un mecanism propriu.

(Nestor Lupei – *"Biosferă"* , Editura Albatros, București, 1977).

Pe de altă parte, această ipoteză privind apariția vieții pe planeta Pământ, este elaborată ținând cont de realitățile actuale, de presupunerile actuale...

"Nu știm absolut nimic despre condițiile care domneau pe globul nostru acum două miliarde de ani, despre starea în care se găsea materia, etc. Poate că atunci nașterea vieții era cu mult mai probabilă decât am îndrăzni să ne închipuim extrapolând în trecut datele prezentului. Poate că materia poseda proprietăți azi

dispărute, legate de o anumită stare a Cosmosului, corespunzând unui anumit stadiu de expansiune a Universului... În orice caz, toate frumoasele noastre raționamente și calcule riscă să treacă alături de esențial."

(Jean Rostand, 1962, "La vie", Ed. P. Larousse, Paris).

→ Ipoteza lui E. Macovschi (1965, 1969) – apariția vieții nu a fost precedată, în mod necesar, de constituirea coacervatelor sau a microsferelor, eventual a altor forme coloidale, din bulionul prebiotic, constituindu-se o materie biostructurală, concepută ca o masă spongioasă, nemiscibilă cu apa, în ale cărei spații libere se află o soluție intraplasmatică. Materia biostructurată nu are o structură moleculară obișnuită; componentele ei, bogate în energie, se unesc corelativ între ele, dând continuitate acestei structuri. Materia biostructurată se păstrează numai atâta timp cât organismul este viu.

→ Ipoteza lui J. Monod – susține că viața pe Pământ a apărut la întâmplare, prin "hazard", într-un mod inexplicabil încă.

(Ipoteza cristalogenezei – posibilitatea ca anumite structuri cristaline (anumite cristale) să fi avut un rol esențial în apariția vieții este o altă ipoteză. A.G. Cairns-Smith (1971) se referă la faptul că în natura nevie (minerală) se află cristale și subcristale, în care o serie de elemente se repetă periodic, ordine ce se întâlnește și în unele macromolecule ale organismelor. Se face comparație cu legătura peptidică și cu nucleotidele care se repetă în molecula proteică, respectiv în structura acizilor nucleici. Conform acestei ipoteze, se consideră acizii nucleici și proteinele ca substanțe subcristaline, iar organismul ca o unitate sau sistem producător de substanțe subcristaline; se consideră că structura cristalină spațială a silicaților sau a altor minerale cristaline din roci ar fi putut forma o matrice după care să se realizeze primele macromoledcule organice cu structură subcristalină. Dar ipoteza nu se referă și la unele aspecte definitorii cum ar fi spre exemplu metabolismul și reproducerea, care caracterizează lumea vie. Se mai știe că întregul edificiu și chimism al viețuitoarelor este hotărât de funcții și de un cod genetic, responsabil și de o stabilitate a speciilor, în legătură cu mediul în care acestea se dezvoltă.

→ Ipoteza panspermiei. Concepție filozofică aparținând lui Anxagora (500-428 î.C.), potrivit căreia, Universul este pătruns pe toate căile de germeni ai vieții, iar în acest context, apariția vieții pe Pământ este un rezultat al imigrării accidentale a germenilor vitali din Univers. Concepția aceasta a fost reluată de către Svante Arrhenius, care atribuia meteoriților (sau chiar presiunii luminii) rolul de propagator al materiei organice din cosmos pe Pământ; problema originii moleculelor organice din meteoriți nu este elucidată.

(Din "*Mică enciclopedie de Biologie și Medicină. Concepte. Concepții. Controverse*", Săhleanu V., Stugren B., Editura Științifică și Enciclopedică, București, 1976).

→ Ipoteza Gaia (după numele zeiței Pământului la greci), fiind elaborată de către James E. Lovelock în anul 1972. Această ipoteză susține că timp de milioane de ani viața a fost ajutată să se dezvolte într-un mediu stabil, cu condiții favorizante. În pofida unor catastrofe care au dus la dispariția câtorva specii în timpul care a trecut de la apariția primelor organisme vii, prin a căror contribuție atmosfera s-a îmbogățit în oxigen, au fost foarte puține fluctuații în temperatură, compoziția atmosferei etc. Altfel spus, se consideră că planeta Pământ este un fel de "superorganism"; se consideră că biosfera este un sistem evolutiv alcătuit din organismele vii de pe Pământ și din mediul lor material, între cele două părți existând o strânsă corelare.

(Folescu C. – "*Există inteligență extraterestră ?*", Editura Albatros, București, 1991).

1.1.4. *Condiții fizice necesare pentru apariția și dezvoltarea vieții*

1. Cei mai importanți parametri de care depind activitățile biologice în general și de pe planeta Pământ în particular, sunt următoarele...

(Preluat și adaptat din cartea: Todoran I, Țăran E. – "*În căutarea vieții pe alte planete*", Editura Dacia, Cluj-Napoca, 1983).

- Temperatura. Acest parametru joacă un rol principal în desfășurarea proceselor vitale. În cazul biosferei terestre, limitele de temperatură sunt destul de variabile (spre exemplu unele organisme cum ar fi pinul arctic Abies excelsa și lichenul Cladonia rangiferina au intervalul de activitate a fotosintezei cuprins între - 20 0 C și + 30 0 C; țiparul trăiește activ în mediul cu temperatură cuprinsă între 10 0 C și 60 0 C). Sunt organisme vii dintre care unele suportă temperaturi foarte înalte (spre exemplu unele organisme cum ar fi cianofitele pot rezista și la temperaturi de + 850 C) , iar altele rezistă la temperaturi foarte joase (spre exemplu rațele sălbatice pot trăi o perioadă de timp, chiar și atunci când temperatura aerului ajunge la valoarea de – 40 0

C).

- <u>Lumina</u>. Energia luminii solare contribuie în mod substanțial la desfășurarea procesului de fotosinteză. Iluminarea unei plante trebuie să fie cuprinsă între anumite limite; intervalul luminii favorabile este cuprins între 0,02 și 30 lumeni/cm2 ; (lumenul este unitatea de măsură pentru fluxul luminos). Activitatea vitală fiind dependentă de lumină, ea va depinde de intensitatea luminii corpului central (respectiv a Soarelui), de distanța planetei de la acesta, precum și de rotația însăși a planetei, care este o cauză directă a succesiunii zilelor și nopților.

- <u>Gravitația</u>. Are un rol foarte mare în existența vieții. În cazul oamenilor, experimental s-a ajuns la concluzia că foarte puțini oameni ar putea rezista pe acele planete ale căror accelerații gravitaționale ar cădea în afara intervalului de 1,25 – 1,50 x g (g este accelerația gravitațională terestră, g = 9,81 m/s2).

- <u>Compoziția și presiunea atmosferică</u>. După cum se știe, în procesele biologice, respirația este esențială; prin urmare pentru a avea loc respirația, este necesară o anumită compoziție chimică a atmosferei, respectiv aceasta trebuie să conțină, printre altele, oxigen și o cantitate mică de vapori de apă; presiunea oxigenului de respirat, trebuie să fie cuprinsă între două limite, limita inferioară, sub care apare hipooxigenarea (sufocarea), și limita superioară peste care apare intoxicarea cu oxigen. Alături de aceste componente, atmosfera, mai trebuie să cuprindă și alte gaze, în diferite proporții (dioxid de carbon, azot, gaze nobile). De asemenea praful din atmosferă trebuie să fie mai puțin de 1,8 x 109 particule pe m3, iar pentru praful cu mare conținut de siliciu, să nu existe mai mult de 1,8 x 10 8 particule pe m3.

- <u>Apa</u>. Apa este indispensabilă atât ca factor direct al reacțiilor chimice de hidratare cât și ca mediu în care are loc formarea hidrocarburilor și a derivaților lor. Toate procesele de transformare a materiei anorganice în materie organică se derulează în hidrosferă. Printre altele, apa are rol important în reglarea temperaturii, este un puternic solvent, este foarte constantă din punct de vedere dielectric, are tensiune superficială ridicată, etc. Apariția vieții pe planeta Pământ nu ar fi fost posibilă fără existența unor mari rezervoare de apă lichidă.

2. Alte condiții necesare pentru existența vieții sunt: dinamica atmosferei (spre exemplu vânturile; vitezele acestora nu trebuie să fie prea mari, respectiv trebuie să fie mai mică de 23 m/s); radioactivitatea (nu trebuie să depășească anumite limite); căderile de meteoriți (în special căderile de meteoriții de mari dimensiuni, pot avea efecte negative în ceea ce privește existența și dezvoltarea vieții pe o planetă); activitatea vulcanică și activitatea seismică (trebuie să fie destul de redusă).

3. Parametrii astronomici pentru apariția și dezvoltarea vieții.

Printre aceștia se pot aminti:

- <u>Masa astrului central și masa planetei</u>. Dacă steaua centrală are o masă prea mare (stele gigante și supergigante) atunci probabilitatea de apariție a vieții în zona unor astfel de stele este practic nulă. Dacă planetele care gravitează în jurul stelei au mase prea mici, ele nu sunt capabile să rețină hidrogenul liber, ceea ce implică unele modificări ale compoziției atmosferice. În cazul planetelor mari și foarte mari hidrogenul este conservat aproape integral, iar evoluția hidrocarburilor este alta decât pe planetele de tip terestru. Masa unei planete este un parametru esențial și determină forța de atracție pe suprafața acesteia, are influență asupra compoziției atmosferei și a presiunii atmosferice, influențează topografia reliefului și poate caracteriza proprietățile radioactive, precum și activitatea vulcanică. După unele calcule, se pare că masa minimă a unei planete, pentru ca aceasta să fie favorabilă pentru viață, este de 0,4 mase terestre, raza de 0,78 raze terestre și accelerația geavitațională de 0,68 ori aceea de la suprafața Pământului. Limita superioară a masei este de 2,35 mase terestre. Planetele mai puțin masive decât această limită au o atmosferă "blândă", în care densitatea variază încet cu altitudinea, pe planete mai masive atmosfera este mai "dură", iar densitatea scade foarte repede în funcție de altitudine. Astfel, la planetele mici, la numai 9000-12000 metri, atmosfera apare a fi mai densă decât la planetele mari.

Raza unei planete locuibile poate fi cuprinsă între 0,75 și 1,25 raze terestre iar accelerația gravitațională, între 0,68 și 1,5 din accelerația gravitațională terestră

- <u>accelerația gravitațională terestră</u> $g = 9,81$ m/s2).

Activitatea vulcanică depinde de temperatura nucleului central, planetele care au mase mai mici vor fi mai puțin fierbinți în interior, vor avea activitate vulcanică mai puțin intensă, iar în cazul planetelor mari, situația este inversă.

- Rotația axială. Viteza de rotație a unei planete este și ea importantă deoarece poate avea o mare influență asupra condițiilor fizice care sunt necesare pentru apariția și dezvoltarea vieții. Spre exemplu, de viteza de rotație poate depinde, într-o mare măsură, accelerația gravitațională de pe suprafața unei planete la o anumită latitudine (ecuator, pol); rotația axială poate influența variațiile ciclice ale temperaturii, viteza vânturilor și probabil, câmpul magnetic.

Limitele de variație ale rotației axiale, sunt greu de stabilit; în principiu, se poate totuși afirma că, pentru limita inferioară, timpul necesar pentru o rotație completă, ar trebui să fie de 96 de ore, iar limita superioară ar trebui să fie de 2 sau de 3 ore; în afara acestor limite probabilitatea apariției și dezvoltării vieții asemănătoare celei terestre este foarte mică. De subliniat faptul că dacă perioada de rotație axială este egală cu perioada de revoluție, atunci planeta arată mereu aceeași parte (aceeași față) spre astrul central al sistemului planetar (spre Soare în cazul sistemului solar); într-un astfel de caz, probabilitatea apariției și dezvoltării vieții este foarte mică, întrucât dinamica atmosferei și a hidrosferei nu este favorabilă pentru existența vieții (spre exemplu, gazele încălzite de pe suprafața iluminată s-ar înghesui spre regiunea neluminată, de asemenea nu ar exista oceane lichide și nici nu ar fi posibilă circulația apei într-o astfel de atmosferă).

- Excentricitatea orbitală. Dacă excentricitatea orbitei unei planete este cuprinsă între e = 0,2 și e = 0,3 atunci variația anuală a temperaturii nu este prea mare, dar dacă excentricitatea este mai mare, ciclurile sezoniere ale temperaturilor depinde de latitudine, de poziția afeliului și de poziția relativă a solstițiilor precum și de perioada orbitală a planetei. Planetele cu excentricități mari au variații mari de temperatură și drept urmare, probabilitatea ca pe astfel de planete să apară și să se dezvolte viața este mică.

- Dimensiunile unei planete locuibile. Aceste dimensiuni sunt variabile și depind de alți parametri (spre exemplu de densitatea medie a planetei).

- Vârsta unei planete locuibile. Înainte ca pe o planetă să apară viața, trebuie să se scurgă un interval de timp considerabil (întrucât este necesar să să parcurgă în prealabil mai multe etape - formarea structurii interne a planetei, formarea atmosferei, a hidrosferei, etc.). Aceste etape pot avea o durată de câteva miliarde de ani.

- Ecosfera unei stele. Viața pe o planetă depinde de energia pe care aceasta o primeşte de la astrul central. Această energie nu trebuie să fie prea mare, deoarece ea poate distruge condiţiile de existenţă a vieţii, iar dacă este prea mică, ea este insuficientă pentru a asigura dezvoltarea necesară a compuşilor organici. În legătură cu acest fel de energie se introduce noţiunea de ecosferă care delimitează spaţiul cosmic din vecinătatea unei stele sau a unui sistem de stele, în interiorul căruia pe suprafaţa unei planete ar putea să existe condiţii favorabile pentru apariţia şi dezvoltarea vieţii.

Prin urmare, ecosfera se va găsi între două sfere concentrice în centrul cărora se găseşte corpul central (steaua considerată). Dincolo de limita superioară, energia primită este insuficientă pentru condiţiile vitale, iar sub limita inferioară, energia primită de la stea este prea mare (figura 1.3.).

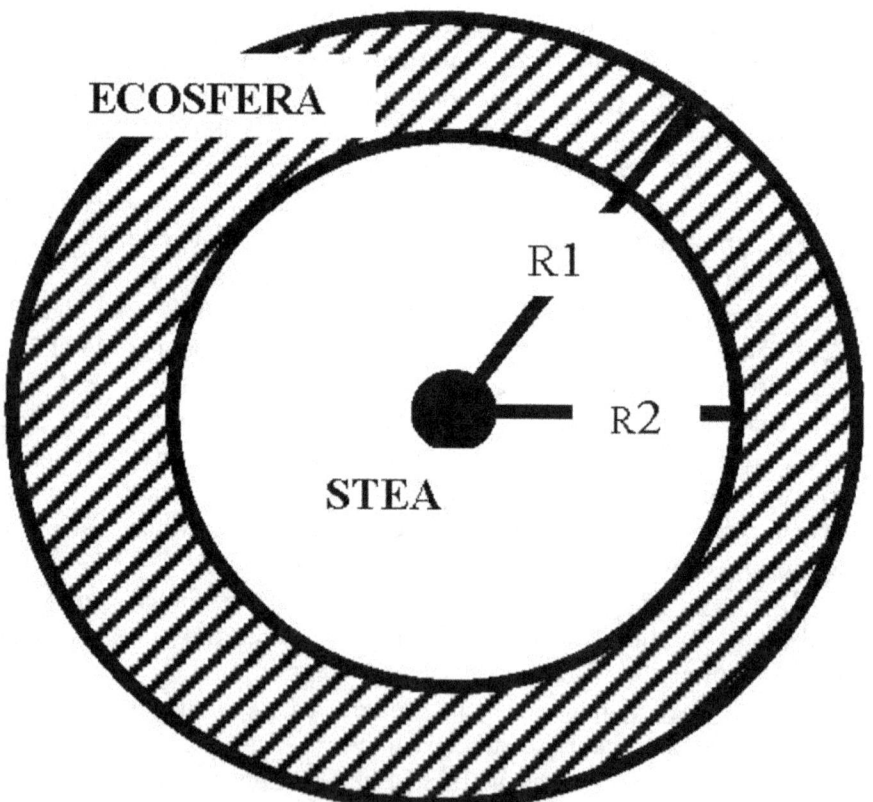

Figura 1.3. Reprezentarea schematică a ecosferei unei stele

Dacă se notează cu L luminozitatea unei stele, atunci se poate defini fluxul de energie prin raportul L / 4 π R^2 unde R este distanța de la stea la un punct în spațiu. În acest caz, pentru limita superioară avem ε_1 = L / 4 π R_1^2 , iar pentru limita inferioară care delimitează ecosfera, avem ε_2 = L / 4 π R_2^2 , unde ε_1 , ε_2 sunt mărimi constante care nu depind de stea, iar R1 și R2 se pot determina din aceste rapoarte. Așadar: R_1^2 = L / 4 π ε_1 și respectiv, R_2^2 = L / 4 π ε_2 .

Ecosfera stelei va fi definită de distanța R care verifică inegalitățile: $R_1 \leq R \leq R_2$, adică o planetă care se găsește la distanța R ar putea avea condiții favorabile pentru apariția și dezvoltarea vieții. Dacă toate planetele se mișcă în jurul unei stele care se găsesc în același plan, (asemănător cu distribuția planetelor în sistemul solar), atunci zona locuibilă, ecosfera, va fi reprezentată printr-un inel circular cu aria proporțională cu luminozitatea stelei:

$$A = \pi \ (R_2^2 - R_1^2 \ ) \text{ sau } A = L/4 \cdot (1/\varepsilon_1 - 1/\varepsilon_2).$$

În cazul când planetele s-ar forma în orice direcție din vecinătatea stelei respective, atunci zona de locuit, ecosfera, ar fi reprezentată prin stratul sferic cu volumul:

$$V = 4\pi/3 \cdot (R_2^3 - R_1^3) = /6\pi^{1/2} \cdot (1/\varepsilon_1^{3/2} - 1/\varepsilon_2^{3/2})$$

care este proporțional cu $L^{3/2}$.

Așadar, dimensiunile ecosferei cresc odată cu creșterea luminozității stelei. Există o proporționalitate între luminozitate și probabilitatea ca pe o planetă să existe condițiile necesare pentru apariția și dezvoltarea vieții.

Pentru stele puțin masive, aria sau volumul ecosferei fiind și ele mici, este mică probabilitatea de a exista planete în interiorul ecosferei, adică de a exista planete locuibile.

În sistemul solar, ecosfera este cuprinsă între 0,725 și 1,24 unități astronomice (u.a. - unitatea astronomică - reprezintă distanța medie dintre Pământ și Soare 149,598×109 m).

La marginea inferioară se găsește planeta Venus (d = 0,733 u.a.), iar la limita exterioară se află Marte (d = 1,526 u.a.), unde d este distanța medie de la Soare. În cazul când înclinările dintre planele ecuatoriale și cele orbitale sunt mici, ecosfera Soareui poate fi extinsă între limitele 0,65 și 1,75 u.a.

Ecosfera stelelor duble sau multiple este destul de restrânsă și depinde de mai mulți factori. Spre exemplu, dacă cele două stele sunt foarte apropiate, iar planeta se mișcă în jurul lor la o distanță foarte mare, cele două stele vor putea fi considerate ca un singur corp central și atunci se poate pune problema existenței unei ecosfere sau dacă cele două componente ale stelei duble sunt foarte îndepărtate una de alta, cum este cazul stelelor duble vizuale și dacă în apropierea unei componente se mișcă planeta (a cărei mișcare va fi insensibil perturbată de cealaltă componentă), atunci se poate presupune existența unei ecosfere în cazul acestui tip de stele duble.

1.1.5. Problema lui Fermi, clasificarea lui Kardașev, formula de la Green Bank

Referitor la existența vieții în spațiul cosmic, pe diferite planete, se poate spune că această chestiune este foarte controversată. Fizicianul Enrico Fermi, a pus următoarea problemă...

(Citat din cartea lui George Gamow – "*O planetă numită Pământ*", Editura Științifică, București, 1968).

" *În concepția lui Fermi, dacă există viață pe miliardele de planete ale sistemului stelar al Căii Lactee, trebuie să ne așteptăm ca ea să se găsească în diferite stadii de evoluție, deoarece ritmul evoluției depinde de particularitățile fizice specifice ale acestor lumi îndepărtate. O diferență de numai câteva procente în ritmul evoluției va avea drept urmare milioane de ani diferență în gradul de dezvoltare al vieții pe îndepărtatele lumi locuite. Astfel în timp ce pe unele sisteme planetare ale Căii Lactee viața s-ar afla în stadiul pre-mamiferelor, pe altele ființele inteligente, asemănătoare omului, s-ar putea să fi apărut de milioane de ani, găsindu-se acum pe o treaptă de evoluție mult superioară nouă în ce privește știința și tehnica. Se pare, deci că dacă transporturile interstelare cu ajutorul navelor cosmice sunt, în general cu putință, locuitorii acestor lumi înaintate ar fi trebuit să ne viziteze deja pe Pământ. Faptul că n-am primit vizitatori din spațiul cosmic (exceptând farfuriile zburătoare, pur imaginare) demonstrează că locuitorii Pământului nu vor putea niciodată să călătorească până la stele. Dacă se admite existența ființelor superioare care ar putea locui în alte lumi, ele ar trebui să dispună de stații puternice de radiocomunicații interstelare și radiotelescoapele noastre, care înregistrează zgomote radio provenite din stele și galaxii îndepărtate, ar putea capta semnale asemănătoare codului Morse, care nu se pot produce în mod natural, ci numai ca rezultat al activității unor ființe inteligente. Până în prezent, însă, nu s-a observat nimic din acest fel în undele de radio cosmice, care au ajuns pe Pământ.*"

Referitor la această problemă se poate observa că, dacă, totuși, ar exista ființe mult mai evoluate decât cele de pe Pământ, atunci acestea ar gândi și s-ar comporta altfel decât gândim și ne comportăm noi, oamenii și în consecință nu ar fi de așteptat ca aceste ființe să vină în mod special la noi, pe planeta Pământ, numai pentru a ne demonstra că... există ! Asta pe de o parte... Pe de altă parte, acum câteva secole nici măcar nu se știa de existența particulelor elementare și a undelor electromagnetice !... Și totuși acestea existau, deși nimeni dintre oamenii acelor vremuri habar nu aveau de existența acestora... În al doilea rând modul cum s-ar manifesta aceste ființe din alte lumi, dacă ar veni pe planeta noastră, poate fi destul de straniu și poate fi foarte greu de sesizat...

Așa încât ce șanse am avea noi să ne înțelegem sau să comunicăm cu niște ființe care stăpânesc fenomene și procese extrem de complexe ?...

Din fericire există însă și alte opinii cu privire la existența vieții pe alte planete... Spre exemplu fizicianul Nikolai Kardașev, care acceptă existența vieții pe alte corpuri cerești, acceptă existența civilizațiilor extraterestre și chiar propune drept criteriu în clasificarea civilizațiilor extraterestre, consumul de energie. Astfel, o civlizație de categoria I, ar avea un consum energetic de 4 x 1012 W (W – watt, unitatea de măsură pentru putere, 1 W = 1 J/s, J - joule, unitatea de măsură pentru energie, s – secundă, unitatea de măsură pentru timp), ceea ce presupune limitarea la resursele planetei de origine; o civilizație de categoria a II-a, ar consuma o energie de 4 x 1026 W, controlând propriul sistem planetar; o civilizație de categoria a III-a, controlează toată galaxia, consumând o energie de 4 x 1037 W. Conform clasificării lui N. Kardașev, omenirea nu a ajuns încă nici măcar o civilizație de categoria I...

(Șerban M., E. – " *Omul și astrele*", Editura Dacia, Cluj-Napoca, 1986).

Unii cercetători au efectuat diverse evaluări privind numărul planetelor pe care ar fi posibilă existența vieții, stabilind diferite formule de calcul, cum ar fi spre exemplu, formula lui Frank Drake, sau formula de la Green Bank... O formulă de tip Drake, este următoarea (după cartea scrisă de Todoran I și Țăran E. –"În căutarea vieții pe alte planete", Editura Dacia, Cluj-Napoca, 1983):

$$N_{HP} = N_s \times P_p \times P_i \times P_M \times P_e \times P_B \times P_R \times P_L \times P_D \times P_A$$

N_{HP} – numărul de planete care ar fi apte pentru viață și care ar putea să graviteze în jurul unor stele din galaxia noastră.

N_s – numărul de stele în Galaxie, stele care au masele cuprinse între 0,71 și 1,54 mase solare.

P_p – probabilitatea ca în jurul stelelor date să se rotească planete.

P_i – probabilitatea ca înclinarea ecuatorului planetei față de orbita corespunzătoare să fie mică și în acord cu cerințele ca planeta să fie aptă pentru viață,

P_M – probabilitatea ca o planetă să aibă masa cuprinsă între 0,32 și 2,35 mase terestre.

P_e – probabilitatea ca excentricitatea orbitei să fie mică (e < 0,2).

P_B – probabilitatea ca în sistemele stelare duble, prezența celei de a doua stele să nu transforme planeta respectivă într-un corp nefavorabil pentru viață.

P_R – probabilitatea ca viteza de rotație axială a planetei să nu fie nici prea mare dar nici prea mică, pentru a asigura o variație potrivită a temperaturii.

P_L – probabilitatea ca pe o planetă să fi apărut viață, după ce au fost îndeplinite toate condițiile astronomice.

P_D – probabilitatea ca orbita planetei să treacă prin ecosfera stelei respective.

P_A – probabilitatea ca planeta să aibă vârsta corespunzătoare pentru ca viața să aibă timpul să se dezvolte până la forme superioare – ființe raționale.

Unii autori consideră că numai 5 % din stelele Galaxiei ar fi stele singuratice și numai o stea din 13 000 ar putea avea planete locuibile. De aici rezultă că numărul total de planete locuibile în Galaxie ar fi de 8 milioane. Chiar și în cele mai pesimiste ipoteze, se evaluează că în partea cunoscută a Universului ar putea exista foarte multe planete locuibile. De altfel, în unii meteoriți, s-au pus în evidență substanțe organice destul de complexe, printre care și aminoacizi.

Pe de altă parte se pune problema conservării structurilor în Univers, prin repetări aleatorii, legată de evoluția structurală, altfel spus se pune problema repetării întâmplătoare în Univers a unor structuri biologice de pe Pământ... Problema aceasta nu a fost rezolvată. (Postelnicu P. – "Cibernetica și conexiunea inversă" , Editura științifică și enciclopedică, București, 1981).

Se poate însă presupune că, întrucât informația se conservă, atunci în mod normal și structura ar trebui să se conserve și prin urmare și în particular și unele structuri biologice de pe Pământ ar trebui să se repete pe diverse planete din Univers…

NOTĂ
Posibilitatea existenței unei "vieți pe baza siliciului".

În cartea *"Siliciul și viață"* - Voronkov M.G., Zelcian G.I., Lukeviț E., (Editura Științifică, București, 1974, trad. Strugaru G.), se discută despre posibilitatea existenței unei "vieți pe baza silciului". După cum se știe, viața de pe Pământ este caracterizată prin conținutul de carbon și apă. Problema vieții pe baza siliciului se pune întrucât siliciul formează o serie de legături analoage structural cu cele ale carbonului, mai rezistente însă la temperaturi înalte. Din acest motiv, siliciul poate fi considerat un înlocuitor posibil al carbonului în condițiile vieții la temperaturi înalte (chiar mai sus de 1000 0 C).

La fel poate fi admisă și substituirea azotului de către fosfor și a oxigenului prin sulf. Nu este greu să presupunem că în Univers pot exista planete relativ fierbinți, locuite de ființe vii, în care compușii siliciului să fie predominanți față de cei ai carbonului, siliciul apărând aici ca element de bază al vieții. Așadar, în condiții extraterestre naturale, determinate, formațiuni macromoleculare în care siliciul este preponderent, pot fi purtătoare de viață.

Pe de altă parte, chiar și viețuitoarele terestre străvechi ar fi putut să se adapteze la condiții de existență considerabil mai puțin favorabile (creșterea bruscă a temperaturii mediului ambiant). Adaptarea s-ar fi putut realiza pe seama creșterii concentrației compușilor de siliciu din organismele lor. Probabil că aceasta ar putea fi considerată cauza concentrației ridicate de siliciu în organismele străvechilor locuitori ai Pământului, diatomeele, atunci când temperatura suprafeței planetei era considerabil mai ridicată decât este în prezent. Există date referitoare la faptul că și diatomeele actuale trăiesc în gheizere la temperaturi cuprinse între 83 0 C și 85 0 C. Este de remarcat că multe plante tropicale actuale precum și bacteriile care trăiesc în izvoarele fierbinți, sunt caracterizate prin concentrații ridicate de siliciu. Unele bacterii sunt capabile să supraviețuiască un timp îndelungat într-un mediu în care temperatura ajunge la o valorare de 170 0 C, în timp ce proteina coagulează ireversibil la temperatura de peste 60 0 C.

1.2. APARIŢIA ŞI DISPARIŢIA BIOSFERELOR

Problematica apariţiei şi dispariţiei biosferelor este dificilă, întrucât nu se cunoaşte decât o singură biosferă – biosfera terestră, iar despre aceasta nu s-au creat decât modele aproximative legate de apariţia şi dispariţia acesteia. În ceea ce priveşte dispariţia biosferei terestre pot fi formulate, cel mult, anumite ipoteze. Apariţia şi dispariţia biosferelor este datorată de fapt funcţiilor acestora în cadrul sistemului galactic; desigur că biosferele nu vor apare şi nu vor dispare dacă nu vor exista condiţiile de apariţie şi respectiv de distrugere. Pe lângă o serie de coincidenţe sau condiţii de natură diferită (factori mecanici, fizici, chimici, cosmici), biosfera apare datorită unor necesităţi ale raportului echilibru – dezechilibru. Biosferele sunt generatoare de dezechilibre locale, ce obligă sistemele vecine să se reorganizeze astfel încât să realizeze un echilibru global. Aşadar, biosferele sunt generatoare de dezechilibre locale prin intermediul cărora se realizează un echilibru global; rolul biosferelor este acela de a menţine în permanenţă starea de "perturbare" energetică, informaţională, substanţială (la nivel planetar şi galactic), alături, probabil, de alte mecanisme necunoscute actualmente precum şi de alţi factori. Aceste dezechilibre impun la rândul lor realizarea altor tipuri de echilibre.

Ideea generală este aceea că biosferele apar acolo unde coeziunea galactică tinde să devină minimă (critică) şi dispar datorită coeziunii galactice care tinde să devină maximă (compactizare). Biosferele (şi derivatele lor, civilizaţiile sau sociosferele, psihosferele, noosferele, intelectosferele, parapsihosferele, tehnosferele...) se pare că au un rol de reglare a unui tip de ordine (menţine între anumite limite acest tip de ordine). De asemeni, biosferele (şi derivatele acestora, noosferele...) au rolul de a recicla informaţia, energia, substanţa, care altfel, ar conduce implicit la dezorganizarea galaxiei.

Atât apariţia cât şi dispariţia biosferelor se realizează respectându-se conservarea generalizată, prin intermediul echivalenţei generalizate.

Cu alte cuvinte, se admite ideea că în orice proces cantităţile de substanţă (masă), energie şi informaţie sunt constante (se conservă). Conservarea generalizată implică echivalenţa generalizată: cantităţile de substanţă, de energie şi de informaţie sunt echivalente. Un caz particular de echivalenţă, spre exemplu, a fost evidenţiat de către Albert Einstein, prin celebra formulă $E = m \times c^2$, prin care se arată echivalenţa dintre energie şi masă (substanţa). Relaţiile de echivalenţă dintre masă și informație, energie și informație sunt, se pare, mult mai complicate.

Noțiunile de substanță, energie, informație sunt definite în felul următor:

- Noțiunea de *substanță (masă)* – semnifică, în cea mai generală accepțiune, *"ceea ce are consistență"*, *"ceea ce poate interacționa"*.

- Noțiunea de *energie* – semnifică, în general, *"ceea ce produce acțiune"* și în același timp, *"ceea ce susține o anumită stabilitate"*.

- Noțiunea de *informație* – semnifică la modul cel mai general, *"ceea ce generează o anumită ordine sau o anumită structură și susține o anumită evoluție"*.

Un exemplu intuitiv îl reprezintă instinctul de conservare al viețuitoarelor... Orice animal, orice om, orice vietate caută să își mențină ființa proprie atunci când este amenințată... Dar... ființa proprie înseamnă de fapt structură, informație stocată, energie, substanță...

Un alt exemplu este următorul. În organismele vegetale și animale se află un compus organic complex, denumit acid adenozintrifosforic (ATP), care conține în compoziția sa fosfor. S-a constatat că această substanță, precum și substanțele similare, se formează în procesul respirației și servesc în același timp pentru acumularea energiei musculare în organismele vii. În timpul respirației, glucoza formează cu fosforul esteri complecși denumiți difosfați. Aproximativ cinci, șase molecule de glucoză formează difosfați, în timp ce una se oxidează, rezultând CO_2. Apoi difosfații se transformă în acid adenozintrifosforic. Molecula de acid adenozintrifosforic, adiționându-se la molecula de grăsime, le obligă să capete o formă determinată. Aceasta înseamnă că molecula a dobândit o rezervă de energie. Dacă o astfel de moleculă "activă" primește din partea sistemului nervos " ordinul de a intra în acțiune", structura ei se modifică brusc: ea se scurtează și omul efectuează un travaliu oarecare, de exemplu îndoaie mâna. În felul acesta molecula de acid adenozintrifosforic se transformă în moleculă de acid adenozindifosforic și, pentru ca mușchiul să poată efectua un nou travaliu, la molecula de proteină, trebuie să se adiționeze o nouă moleculă de acid adenozintrifosforic pentru ca ele să capete forma inițială, adică să dobândească o nouă rezervă de energie.

(Vlasov L - " *Purtător de lumină* " în *"Călătorie în lumea elementelor"*, Ed. Științifică, București, 1965, pag. 133, 134.)

Molecula conţine o cantitate de informaţie ? De vreme ce structura ei se modifică brusc atunci când primeşte din partea sistemului nervos ordinul de "a intra în acţiune", se pare că da, conţine o anumită cantitate de informaţie... Acest "ordin" înseamnă de fapt o informaţie. Dar, în definitiv, ce înseamnă "ordinul" sistemului nervos ? Cum anume determină acesta modificarea structurii ATP ? Aşadar, dacă admitem că molecula de ATP conţine şi o cantitate de informaţie, atunci putem să întrebăm, cum anume este stocată această informaţie în molecula de ATP ?

Ce înseamnă de fapt, cantitatea de informaţie stocată în molecula de ATP ? Se poate răspunde că această informaţie reprezintă de fapt chiar structura, chiar ordinea moleculei de ATP !...

Datorită gravitaţiei, la un moment dat, într-o regiune a Universului, se produce o aglomerare de substanţă, energie, informaţie, care are ca rezultat formarea unei galaxii. (Este totuşi de remarcat că gravitaţia generează un tip de ordine, generează informaţie şi respectiv generează complexitate !)... Are loc o compactizare a substanţei şi energiei în nucleul galactic şi în alte obiecte cosmice (stele, planete, asteroizi...) şi o compactizare a informaţiei în biosfere (şi ulterior în derivatele acestora: civilizaţiile sau sociosferele, psihosferele, noosferele, tehnosferele, etc.), astfel încât cantităţile de substanţă, de energie şi de informaţie să rămână constante. Ulterior, orice generare de substanţă şi / sau energie se face pe seama unui consum de informaţie şi invers. Aşadar apariţia unei biosfere se va produce acolo unde există un exces de informaţie concentrată într-o anumită zonă galactică şi totodată se va face pe seama substanţei şi energiei disponibile în acea zonă. Dispariţia biosferei va avea loc atunci când există un deficit de substanţă şi energie iar informaţia stocată în biosfere va compensa acest deficit. Există deci un punct critic dincolo de care biosfera se va destrăma şi va elibera, prin echivalenţă, o cantitate de energie şi/sau de substanţă care va compensa deficitul energetic şi/sau de substanţă în regiunea galactică deficitară.

La fel, există un *punct de acumulare*, când într-o anumită regiune galactică există un exces de substanţă şi/sau energie care, prin echivalenţă va genera informaţie care va conduce la apariţia biosferei ce va stoca această informaţie.

Ar mai fi de adăugat că, după cum se pare, printre diversele tipuri de echilibre care se realizează în natură, se disting, în general două:

echilibrul fizico-chimic (termodinamic) şi *echilibrul cibernetic*, iar în cazul preponderenţei unuia în defavoarea celuilalt (până la o anumită limită) se produce distrugerea biosferei; se induce sau se realizează un fel de "echilibru între echilibre" (superechilibru).

Biosferele **pot să apară**:

→ *fie natural* (condiţii singulare galactice);

→ *fie induse* (de către alte biosfere – când capacitatea de stocare a informaţiei este depăşită, se produce o suprasarcină informaţională, când se ajunge la un punct critic propriu al biosferei, de stocare şi vehiculare a informaţiei, ceea ce implică generarea altei biosfere care să preia această suprasarcină).

Biosferele **pot să dispară**:

→ *fie natural* (condiţii catastrofale cosmice, planetare, etc., când dezechilibrul dintre substanţă, energie, informaţie este accentuat);

→ *fie indus* de către alte biosfere (când biosfera a ajuns la un deficit informaţional, aşadar, când nu mai este necesară o altă biosferă pentru stocarea de informaţie);

→ *fie prin autodistrugere* (datorită, de regulă tehnosferei, a altor factori proprii, a altor derivate ale biosferei; are loc în lipsa altor biosfere, când este vorba de o biosferă singulară într-o zonă galactică, aceasta poate să se autodistrugă atunci când echilibrul substanţă – energie – informaţie este perturbat, aşadar când în zona galactică respectivă este un deficit de substanţă şi energie, iar prin dispariţia biosferei se eliberează informaţie care, prin echivalenţă este transformată în substanţă şi energie care compensează deficitul).

Un aspect interesant îl constituie *posibilităţile de regenerare a biosferelor*, în condiţii de distrugere parţială a acestora; în acest sens, biosferele s-ar putea caracteriza prin *capacitatea de regenerare*. Aceasta semnifică faptul că biosferele se opun acţiunii de distrugere exercitate de către diverşi agenţi...

Regenerarea biosferei arată că deficitul de substanţă şi energie dintr-o anumită zonă galactică, deficit care ar determina distrugerea biosferei prin eliberarea de informaţie (ce se transformă prin echivalenţă în substanţă şi energie şi care ar compensa acel deficit) nu este crescut sau accentuat şi de lungă durată, ci este minor şi temporar.

NOTE

1. Este de precizat că nu este posibilă înţelegerea acestor ipoteze,

fără un efort de imaginație și de intuiție și fără o anumită dorință de cunoaștere...

2. În legătură cu posibilitatea ca biosferele și în particular ca civilzațiile extraterestre, să fie repartizate în spațiul galactic, ei bine se pare că această posibilitate este foarte mare.

"Conform International Journey of Astrobiology, descoperirea în ultimii ani a peste 337 de planete în afara sistemului nostru solar, relansează ipoteza conform căreia în galaxia noastră este foarte posibil să existe și alte civilizații inteligente. Numărul acestora se estimează a fi între 361 și 38 000 de civilizații..."
(http://www.descopera, februarie 2009).

CONCLUZIE

Pentru a realiza această stabilitate dinamică deosebită a galaxiei, biosferele au anumite caracteristici, iar una dintre acestea, este aceea de transformare a substanței, energiei și informației. Acest caracter transformator este conferit de o intensă circulație a substanței, energiei și informației în interiorul lor cât și în raport cu mediul de existență (fizic, chimic, planetar, cosmic), fiind supusă conservării generalizate și echivalenței generalizate.

Ideea generală este aceea că biosferele apar acolo unde coeziunea galactică tinde să devină minimă (critică, în cazul periferiei galactice, spre exemplu) și dispar datorită coeziunii galactice care tinde să devină maximă (compactizare), spre exemplu în cazul centrului galactic, cazul găurilor negre, etc. (figura 1.4.)

Aceasta este, în definitiv, ecosfera galactică, o zonă de la periferia galaxiei, în care este probabil să se dezvolte biosfere diverse; cu toate astea nu sunt excluse biosfere dispersate și înspre centrul galaxiei – este posibil să fie biosfere "bătrâne"...

□

Biosferele (și derivatele lor, civilizațiile sau sociosferele, psihosferele, noosferele, intelectosferele, tehnosferele, parapsihosferele...) se pare că au un rol de reglare a unui tip de ordine (menține între anumite limite acest tip de ordine). De asemeni, biosferele (și derivatele acestora) au rolul de a recicla informația, energia, substanța, care altfel ar conduce implicit la dezorganizarea galaxiei. Atât apariția cât și disapariția biosferelor se realizează respectându-se conservarea generalizată, prin intermediul echivalenței generalizate. Existența galaxiei este datorată cantităților de substanță, energie, informație, disponibile la un moment dat într-o regiune a Universului. Gravitația produce aglomerări de substanță, energie, informație. Are loc o compactizare a substanței și energiei în nucleul galactic și în alte obiecte cosmice (stele, planete, asteroizi...) și o compactizare a informației în biosfere (și ulterior în derivatele acestora: civilizațiile, psihosferele, noosferele, tehnosferele, etc.), plasate spre exemplu la periferia galactică, astfel încât cantitățile de substanță, de energie și de informație în ansamblu, așadar la nivelul întregii galaxii, să rămână constantă. Ulterior, orice generare de substanță și / sau energie se face pe seama unui consum de informație și invers.

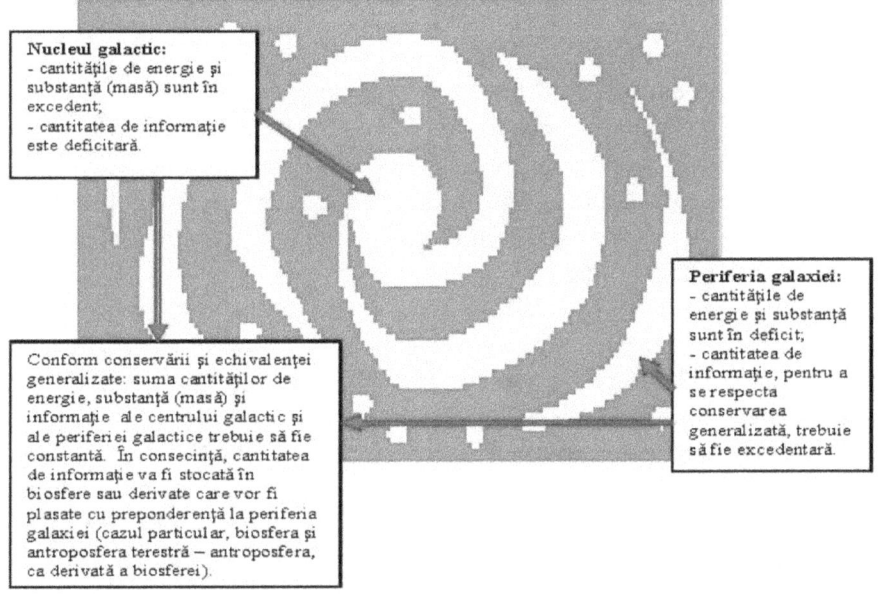

Figura 1.4. Repartizarea energiei, substanței (masei), informației în cazul unei galaxii (schemă simplificată) — o posibilitate

Cu alte cuvinte, cantitățile de energie, substanță (masă), informație dintr-o galaxie trebuie să fie constantă. Aceste cantități sunt distribuite în diferite obiecte cosmice (nucleu galactic, diferite categorii de stele, găuri negre, biosfere și derivate ale acestora, etc.), iar această distribuție este făcută în anumite raporturi bine stabilite.

În cazul biosferei terestre, orice creștere a cantității de informație (deci a complexității biosferei) se face pe seama scăderii cantităților de substanțe și de energii ale mediului... Este ceea ce se întâmplă – creșterea complexității civilizației umane, creșterea populației (civilizația umană fiind o parte a biosferei), se face pe seama degradării mediului planetar... Deci crește informația, dar scade energia și substanța din mediu...

1.3. EVOLUȚIA BIOSFERELOR

Evoluția biosferelor este caracterizată prin potențialul total. Potențialul total al unei biosfere reprezintă capacitatea de înmagazinare a substanței, energiei, informației, într-un interval spațio-temporal determinat.

Alte potențiale ce caracterizează biosfera și afectează evoluția acesteia, sunt:

- *potențialul de autodistrugere* este generat de procesele interne ale biosferei (spre exemplu perturbarea unor circuite biogeochimice sau scăderea resurselor energetice);

- *potențialul de eterodistrugere* este generat de agenți sau factori fizici, chimici, planetari, stelari, galactici, cosmici, ori de alte ființe vii (biosfere), (spre exemplu, impactul planetei pe care se găsește biosfera, cu un asteroid);

- *potențialul transformator* al biosferei se definește ca diferența între potențialul total și capacitatea de regenerare, pe de o parte și pe de altă parte, potențialul de autodistrugere și potențialul de eterodistrugere.

Notând potențialul transformator cu P_{tr}, potențialul total cu P_T, capacitatea de regenerare a biosferei cu C_{rb}, potențialul de autodistrugere cu P_A și potențialul de eterodistrugere cu P_E, atunci se poate scrie, utilizându-se aceste simboluri:

$$P_{tr} = P_T + C_{rb} - P_A - P_E = (P_T + C_{rb}) - (P_A + P_E)$$

$(P_T + C_{rb})$ – constituie împreună potențialul activ sau vitalitatea biosferei (notat cu V_b).

$(P_A - P_E)$ – constituie împreună vulnerabilitatea biosferei (notat cu VL_b).

Astfel încât se poate scrie:

$$P_{tr} = V_b - VL_b$$

Situații:
a) Dacă:

$(V_b - VL_b)/P_{tr} = 1$

este chiar definiţia potenţialului transformator; situaţia aceasta reprezintă de fapt cazul în care biosfera transformă mediul dar suferă în acelaşi timp şi influenţe transformatoare din partea mediului.

b) Dacă:

$(V_b - VL_b)/P_{tr} > 1$

situaţia aceasta semnifică faptul că biosfera dispune de un surplus de vitalitate care poate fi folosită pentru diferite obiective.

c) Dacă:

$(V_b - VL_b)/P_{tr} < 1$

atunci biosfera se află într-o situaţie de declin, ajunge într-o stare de criză, poate ajunge chiar la un punct critic sau mai mult, la punctul terminus al evoluţiei sale.

O altă caracteristică a biosferei este inerţialitatea, ca parametru ce indică rezistenţa biosferei la evoluţie sau la schimbare.

Din punctul de vedere al evoluţiei se definesc mai multe tipuri de evoluţie ce caracterizează biosferele.

1.1. *evoluţia liniară* a biosferei – fără salturi; este un proces continuu, în general "de la simplu la complex";

1.2. *evoluţia neliniară* a biosferei – de forme foarte diferite: ascendentă, descendentă, multiliniară, exponenţială, logaritmică, ondulatorie, curbilinie neregulată, tip "reţea", etc.

2.1. *evoluţia simplă* a biosferei – de la "inferior" la "superior", până la un anumit palier;

2.2. *evoluţia complexă* a biosferei – evoluţie sistemică, diversificată cu generarea de "derivate" (tehnosfere, enisisfere, etc.);

3.1. *evoluţia lentă* a biosferei – durată de evoluţie într-un interval temporal lung, comparabil cu al stelelor;

3.2. *evoluţia rapidă* a biosferei – durată de evoluţie într-un interval temporal scurt, reprezentând fracţiuni din timpul de evoluţie al stelelor;

4.1. *evoluţie constantă* a biosferei – implică ritmul de evoluţie; evoluţia are loc în salturi, în "paşi mici";

4.2. *evoluție variabilă* a biosferei – implică salturi în evoluție; durata etapelor este variabilă;

5.1. *evoluție continuă* a biosferei – implică sau presupune corelarea diverselor etape ale evoluției;

5.2. *evoluția discontinuă* a biosferei – implică neuniformitatea etapelor evoluției;

6.1. *evoluția deschisă* a biosferei – există un început (o origine) a evoluției dar fără un sfârșit bine precizat;

6.2. *evoluția închisă* a biosferei – există un început (o origine) a evoluției și un sfârșit al evoluției dincolo de care biosfera stagnează sau reîncepe evoluția (de exemplu, în cazul unei evoluției circulare);

7.1. *evoluția structurală* a biosferei – cuprinde microevoluții sau ramificări ale evoluției;

7.2. *evoluția nestructurală* a biosferei – fără microevoluții, omogenă (spre exemplu stagnarea evoluției; ca și cum biosfera terestră ar fi rămas la un anumit stadiu, spre exemplu ar fi rămas la stadiul de evoluție din era mezozoică);

8.1. *evoluția parțială* a biosferei – este întreruptă la un moment dat, de diverse cauze;

8.2. *evoluția globală sau integrală* a biosferei – care decurge total, " de la origine până la sfârșit ";

9.1. *evoluția individuală* a biosferei – se referă la o biosferă și numai la una (singularitate);

9.2. *evoluția generală* a biosferei – se referă la situația în care biosfera este corelată cu alte biosfere;

10.1. *evoluția nuanțată* a biosferei – care implică evoluția ce are loc în cadrul structurilor fine (profunde) ale acesteia sau la microstructurile biosferei;

10.2. *evoluția grosieră* a biosferei – care implică numai evoluția ce are loc la compartimentele mari ale biosferei (macrostructură);

11.1. *evoluția de domeniu* a biosferei – implică extinderile spațiale ale biosferei;

11.2. *evoluția de nivel* a biosferei – implică evoluția la diverse niveluri de organizare (sau niveluri structurale) ale biosferei.

Toate aceste tipuri de evoluție reprezintă de fapt *evoluția reziduală*, adică diferența dintre potențialul de evoluție al biosferei (sau potențialul transformator) și *inerțialitate* (rezistența biosferei la schimbare).

1.4 UNELE ASPECTE LEGATE DE TIPOLOGIA BIOSFERELOR

În primul rând se pot defini trei parametri caracteristici ai biosferelor:

1) *Extinderea spațială a biosferei.* Pot fi luate în considerare următoarele tipuri de biosfere:

a) *Biosfere mici*: zonale, dispersate în spațiul cosmic; planetare;

b) *Biosfere medii*: dispersate în cadrul unui sistem astral dintr-o regiune a unei galaxii;

c) *Biosfere mari*: dispuse în mai multe sisteme astrale dintr-o zonă galactică;

d) *Biosfere gigante și supergigante*: cuprind o întreagă galaxie (sunt de fapt sisteme de biosfere dintr-o galaxie) sau cuprind mai multe galaxii (sunt sisteme de biosfere din sisteme de galaxii).

2) *Extinderea temporală (durata de existență) a biosferei.*

Tipuri de biosfere:

a) *Biosfere cu o existență scurtă* – au o durată scurtă de existență: au apărut și au dispărut într-un interval temporal scurt (durata este raportată la timpul cosmic); sunt în stadiul incipient de evoluție sau ritmul de evoluție a fost accelerat, respectiv au avut o evoluție rapidă și închisă.

b) *Biosfere cu o existență "pre-medie"* (sau *pre-intermediare* sau *speciale* sau *" pre-tehnologice"*) – au o durată de existență ceva mai lungă decât biosferele cu existența scurtă; nu au ajuns la stadiul de derivare (să genereze tehnosfere, psihosfere, etc.), cauzele dispariției acestora sunt de natură planetară sau cosmică.

c) *Biosfere cu o existență medie* – au durată medie de existență, respectiv cel puțin jumătate din durata de existență a unei stele mijlocii (cel puțin cinci miliarde de ani), au fost distruse de diverși factori externi; fie s-au autodistrus, fie au fost distruse de alte biosfere (prin intermediul tehnosferelor, spre exemplu);

d) *Biosfere cu o existență lungă* – au o durată lungă de existență (respectiv peste zece miliarde de ani); sunt biosfere "bătrâne" care au reușit să-și conserve într-un anumit fel existența.

3) *Extinderea gravitațională a biosferei.*

Biosferele pot exista între anumite limite ale gravitației, iar alte biosfere, ajunse

la stadii înalte de dezvoltare, pot exista la limite extreme ale gravitației, fie pot induce gravitație, fie pot controla gravitația. Pot exista:

a) Biosfere stabile gravitațional.

b) Biosfere instabile gravitațional.

Pe de altă parte, biosferele se mai pot caracteriza și clasifica astfel.

I. În legătură cu repartizarea cosmică:

I.1. *Biosfere dispersate în cosmos:*

- *microbiosfere* – vietăți singulare în spațiul cosmic;

- *macrobiosfere* – planetare (dezvoltate pe corpuri cerești, pe o planetă – cum este cazul biosferei terestre;

- *megabiosfere* – sunt grupări mari, colonii și societăți bioide în spațiul cosmic, pe comete, pe alte obiecte cosmice, cuprinzând zone întinse dintr-o galaxie sau chiar o galaxie întreagă.

I.2. *Biosfere sistemice* – există numai atunci când sunt cel puțin două biosfere distincte și numai când se stabilesc relații specifice (de comunicare, de influență, de subordonare, etc.) între acestea.

II. După gradul de evoluție:

II.1 *Biosfere primare* : aflate în stadiul incipient de evoluție.

II.2 *Biosfere evolutive* (secundare, terțiare, etc.) : aflate pe diverse trepte de evoluție și având diverse tipuri de evoluție.

II.3. *Biosfere tehnologice* : în care s-au dezvoltat tehnosfere, aflate și ele în diverse stadii de evoluție (cazul civilizațiilor de gradul 1, gradul 2 sau gradul 3, din clasificarea lui Kardașev ori a lui Drake).

II.4. *Biosfere superdezvoltate* : nu se pot preciza; aparțin unor niveluri structurale superioare (de exemplu biosferele " paranormale"), probabil diferențiate și ele după gradul de evoluție.

II.5. *Biosfere paranormale* : într-un fel pot fi incluse în categoria biosferelor superdezvoltate, dar pot fi, totuși, considerate distinct, fiind caracterizate de existența unor fenomene paranormale sau exotice.

II.6. *Biosfere întrepătrunse* : același suport cosmic (planetă, spre exemplu), poate adăposti două sau mai multe biosfere, care se află pe niveluri de evoluție diferite și fie că nu interacționează, fie că interacționează în sens constructiv sau distructiv.

Alte caracteristici ale biosferelor pot fi definite în legătură cu potențialul sau capacitatea biosferelor de a rezista sau de a subzista factorilor de distrugere și de a schimba (transforma) mediul. Astfel se pot defini următoarele concepte și se pot face următoarele clasificări.

1. Expansivitatea (Ex) – raportul dintre *capacitatea de schimbare (transformare)* B a mediului de către biosfere și *rezistența* mediului R la acțiunea de schimbare sau de transformare a biosferei.

$$E_x = B/R$$

Spre exemplu, în cazul biosferei terestre – formarea atmosferei bogate în oxigen rezultat din activitatea de fotosinteză a algelor, care a avut loc în era geologică primară – paleozoic.

Se pot imagina trei cazuri:

a) B > R; Ex > 1 : - *biosfere expansibile* sau *evolutive* (sunt biosfere în expansiune, schimbă sau transformă mediul);

b) B ≈ R; Ex ≈ 1 : - *biosfere suspensiale* (sau biosfere care schimbă sau transformă mediul dar suferă și influențe transformatoare ale mediului în egală măsură);

c) B < R; Ex < 1 : - *biosfere staționare* (nu pot influența mediul).

2. Conservativitatea (C) – raportul dintre *rezistența biosferei* la acțiunea agenților de distrugere (distructogeni) Rb și *capacitatea de schimbare* (sau *toleranța de schimbare*) a biosferei, de către mediu M. Altfel spus, reprezintă capacitatea de adaptare a biosferei la mediu (adaptabilitatea).

$$C = R_b/M$$

Cazuri:

a) Rb > M ; C > 1 : *biosfere conservante* (mediul nu influențează biosfera; sunt biosfere adaptate la mediu);

b) Rb ≈ M ; C ≈ 1 : *biosfere fluctuante* (influența mediului este moderată; sunt biosfere parțial adaptate la mediu);

c) Rb < M ; C < 1 : *biosfere agonice* (datorită influențelor mediului, aceste biosfere tind să dispară, să se destrame; revin la stadiul "abiotic", sunt biosfere care nu se pot adapta la mediu).

Între *expansivitate* și *conservativitate* pot exista mai multe raporturi sau corelații, mai simple sau mai complicate, printre care se pot menționa două, mai simple:

1. Raportul de inversă proporționalitate:

$E_x = 1/C$ sau $E_x \times C = 1$, respectiv $B/R \times R_b/M = 1$ sau $B \times R_b = R \times M$

Cu cât crește expansivitatea biosferei, cu atât scade

conservativitatea acesteia și invers, cu cât scade expansivitatea biosferei, cu atât crește conservativitatea.

2. Raportul de directă proporționalitate:

Ex = k x C (k - constantă, dependentă de tipul de biosferă, stadiul de evoluție, de mediul biosferei, etc.), respectiv: $B/R = k \times R_b/M$ sau $B \times M = k \times R \times R_b$

Crescând expansivitatea biosferei crește conservativitatea acesteia și invers, scăzând expansivitatea biosferei, scade și conservativitatea.

Este un raport contrar primului, după cum se poate ușor constata; el caracterizează *anumite biosfere*, după cum primul raport caracterizează *alte tipuri de biosfere* ; aceste raporturi *nu sunt* raporturi generale pentru toate biosferele și pentru toate etapele evolutive în cadrul chiar al unei singure biosfere – sunt situații când într-o etapă de evoluție o biosferă să fie caracterizată de raportul 1; în altă etapă biosfera este caracterizată de raportul 2.

Pentru diverse valori ale constantei k și anume:

- k > 1, atunci Ex/C > 1, Ex > C → *biosferă expansibilă*;
- k = 1, atunci Ex/C = 1, Ex = C → *biosferă neexpansibilă*;
- k < 1, atunci Ex/C < 1, Ex < C → *biosferă stagnantă*.

• *Capacitatea de evoluție*, caracterizată prin *indicele de evoluție* I_E .

Indicele de evoluție caracterizează capacitatea de stocare, reciclare și prelucrare a informației, substanței și energiei de către biosferă în timp și spațiu.

În acest sens, se pot defini următoarele tipuri de biosfere:

a) dacă $I_E \rightarrow 0$: *biosfere stagnante* – au o capacitate limitată de a prelucra, recicla și stoca substanța, energia, informația;

b) dacă $I_E > 0$: *biosfere evolutive* – au o capacitate continuă de a prelucra, recicla și stoca substanță, energie, informație;

c) dacă $I_E < 0$: *biosfere involutive* – nu mai au capacitatea de a prelucra, recicla și stoca substanță, energie, informație;

d) dacă $I_E \rightarrow 0$, $I_E > 0$, $I_E < 0$: *biosfere oscilante* – parcurg diverse etape, când sunt fie stagnante, fie evolutive, fie involutive.

Cu cât IE este mai mare, așadar cu cât biosfera este mai evoluată, cu atât aceasta are acces și vehiculează informații, energii și substanțe mai fine și mai "puternice" și de asemenea are acces la niveluri structurale mai profunde ale materiei, ale existenței.

• *Viteza de evoluție* v_e (sau frecvența de evoluție sau ritm de evoluție), este definită ca raport între indicele de evoluție și timp:

$v_e = I_E/\Delta t, \Delta t > 0$

După viteza de evoluție se pot deosebi următoarele tipuri de biosfere:

a) Pentru IE → 0 (biosfere stagnante), ve → 0.

b) Pentru IE < 0 (biosfere involutive), ve < 0.

Biosferele involutive pot fi de tipurile următoare: lente, rapide, instantanee (în cazul distrugerii totale în timp foarte scurt).

c) Pentru IE > 0 (biosfere evolutive), ve > 0.

Biosferele evolutive pot fi de tipurile următoare: lente, rapide, ultrarapide (salt evolutiv brusc, prin transfer evolutiv cu o altă biosferă evoluată).

În acest din urmă caz, o biosferă agonică poate transfera evoluție altei biosfere "tirane".

• După *gradul de involuție* i_n (grad de involuție, etapă involutivă, nivel de involuție), așadar când $I_E < 0$, $v_e < 0$, biosferele pot fi grupate într-un interval temporal și anume:

a) *biosfere involutive primare* – după atingerea unui punct culminant în evoluție, încep primele etape de regres;

b) *biosferele involutive intermediare* – este continuat procesul de degradare;

c) *biosfere degradate* – sunt parcurse ultimele stadii de involuție;

d) *biosfere fosile* – sunt reprezentate de urmele, de resturile biosferei.

<u>Cazuri speciale:</u>

- *Biosfere regeneratoare* – după o etapă de involuție marcată, urmează o altă evoluție.

- *Biosfere pulsatorii (sau ondulatorii)* – etapele de evoluție sunt urmate de etape de involuție, apoi de etape de evoluție, etc.

• După *capacitatea de generare* a unor biosfere de către alte biosfere, pot exista câteva tipuri de biosfere:

a) *biosfere agenetice (singulare)* – nu pot genera alte biosfere;

b) *biosfere semigenetice* – pot genera numai un număr mic de biosfere (de ordinul zecilor de biosfere);

c) *biosfere matcă* – pot genera un număr mare de biosfere (sute, mii de biosfere);

d) *biosfere autogenetice* – care se modifică pe sine, transformându-se în altă biosferă, respectiv cu alte caracteristici decât cea din care provine;

e) *biosfere eterogenetice* – care pot genera alte biosfere asemănătoare sau nu cu biosfera de origine.

• După *gradul de asemănare* dintre biosfere:

a) *biosfere unice* – nu se aseamănă cu alte biosfere;

b) *biosfere izomorfe* – există o asemănare esențială între biosfere;

c) *biosfere polimorfe* – există unele asemănări între biosfere.

• După *capacitatea de contactare (conexare)*. Biosferele pot fi sau nu capabile să contacteze alte biosfere. Din acest punct de vedere, pot exista:

a) *biosfere singulare (ascunse)* – sunt biosfere care nu își manifestă existența față de alte biosfere;

b) *biosfere necontactabile* – sunt biosfere care, fie datorită decalajului mare de evoluție, fie datorită structurilor și proceselor interne diferite, fie datorită altor factori, cum ar fi distanțele spațiale imense, nu se pot contacta;

c) *biosfere "tangente"* – biosfere care sunt în contact incipient (prin comunicare);

d) *biosfere parțial contactabile* – sunt biosfere care au depășit faza de comunicare și au inițiat o etapă de schimb sau transfer (informații, energii, etc.) în măsura în care există compatibilități între acestea;

e) *biosfere contactabile* – sunt biosfere deschise contactului, care "caută" alte biosfere pentru schimburi de orice natură (informații, energii, idei, obiecte, etc.);

f) *biosfere plurale* – sunt "rețele" de biosfere, între care există "ierarhii" sau "grade" de conexiuni (sau de contacte).

• În sfârșit, după *capacitatea de influență (inducție)*, pot fi:

a) *biosfere închise* – nu sunt influențate de alte biosfere;

b) *biosfere biunivoce (flexibile)* – influențează alte biosfere și la rândul lor sunt influențate de alte biosfere;

c) *biosfere deschise* – pot fi sau parțial influențabile sau total influențabile de alte biosfere;

d) *biosfere univoce*

- *pragmatice* – care influențează alte biosfere;

- *eteromorfice* – care sunt influențate de alte biosfere.

> Se introduce ca parametru *puterea biosferei* ca fiind raportul dintre disponibilitatea biosferei de a transforma sau influența mediul (ori alte biosfere) și timp. Evident puterea biosferei este cu atât mai mare, cu cât va avea o disponibilitate mai mare de a transforma mediul sau alte biosfere într-un interval de timp mai mic.

• Pe de altă parte, după *capacitatea biosferei de a întreține relații echilibrate* cu alte biosfere, deosebim:

a) *biosfere agresive* – tind să invadeze alte biosfere;

b) *biosfere cooperante* – întreţin relaţii "amiabile", de cooperare, de "beneficiu reciproc" cu alte biosfere;

c) *biosfere indiferente* – nu intervin deloc în evoluţia altor biosfere.

1.5. DESPRE CARACTERISTICILE BIOSFERELOR

În cadrul organizării materiei în galaxie, biosfera se găseşte situată între nivelul molecular şi planetar, deşi nu sunt excluse şi alte limite, mult mai largi (spre exemplu nivelul cuantic pe de o parte şi nivelul stelar, pe de altă parte).

În ceea ce priveşte limitele spaţiale şi temporale ale biosferelor, acestea sunt foarte variate.

Limitele spaţiale ale biosferelor ar putea fi încadrate astfel.

♦ Fie, în general, incluzând corpul cosmic suport (planeta) şi atunci avem delimitarea:

... *nivel molecular – nivel planetar*... (iar această delimitare nu este absolută, ci relativă, putând fi mai extinsă, de exemplu: *nivel cuantic – nivel galactic*).

♦ Fie în particular, se poate încadra astfel:

... *nivel molecular – nivel " biomorf "*... (nivelul " biomorf " este nivelul reprezentat de exemplu, în cazul biosferei terestre, de plante, animale, oameni, adică de singularităţi, componente ale biosferei, respectiv de organisme sau entităţi individualizate şi nu colective).

Aşadar se poate fixa pe de o parte, o limită inferioară şi respectiv o limită superioară globală a biosferei, precum şi, pe de altă parte, o limită spaţială individuală a unei forme de viaţă anumite, specifice din cadrul biosferei.

În ceea ce priveşte limitele temporale ale biosferei, acestea sunt destul de greu de precizat, fie limite generale, globale, ale biosferei, cuprinse de exemplu între milioane de ani şi, posibil, miliarde de ani (poate durata Universului însuşi), fie, individual, ale unei individualităţi oarecare din cadrul biosferei – între fracţiuni de secundă şi sute de ani...

Biosfera dezvoltată pe o planetă, are aşadar, o acţiune transformatoare asupra acesteia. Pe de altă parte, biosfera este în general un sistem care consumă energie (este un sistem absorbator de energie), având totodată şi caracteristici de acumulator de substanţă, energie, informaţie.

În continuare, sunt menţionate câteva caracteristici mai

importante, generale, ale biosferelor. Biosferele au un caracter:

- *transformator, acumulator și amplificator* de substanță, energie, informație;

- *consumator și disipator* al unor forme de substanță, energie, informație;

- *stabilizator* (respectiv *reglator*), în măsura în care reglează anumite procese ale sale (interne), ale planetei, ale sistemului stelar (respectiv ale sistemului solar, în cazul biosferei terestre) și galactic.

- *generator ale unor forme de substanță, energie, informație.*

Mai este de subliniat și existența unei intense circulații a substanțelor, energiilor, informațiilor, de cele mai diferite tipuri (circulație moleculară, biologică, ecologică. geotehnologică, planetară, etc.).

NOTĂ. *Despre paranormalitatea biosferelor*

Aceasta înseamnă, de fapt, capacitatea unor sisteme componente din cadrul biosferelor, ori a unor biosfere în totalitate (integre), de a interacționa sau de a modifica mediul fizic sau cosmic și pe căi subtile, diferite de acelea normale (care includ parametri mecanici, fizici, chimici, cosmici, etc.).

Sunt trei probleme care se pun:

- definirea unor caracteristici paranormale ale biosferelor;

- de la ce nivel de organizare apar aceste caracteristici paranormale (la nivel cuantic sau molecular sau organic, etc.);

- dacă aceste caracteristici paranormale sunt generale, respectiv dacă toate biosferele dintr-o galaxie și în general din metagalaxie, prezintă caracteristici paranormale sau numai unele.

Ținând cont de "legea" conservării generalizate și a echivalenței generalizate, fenomenele paranormale pot fi clasificate în următoarele categorii:

- *fenomene paranormale substanțiale* (materializări, dispariții, etc.);

- *fenomenele paranormale energetice* (telekinezia, biomagnetismul, în general fenomenele PK – psiho-kinetice);

- *fenomenele paranormale informaționale* (percepția extrasenzorială, comunicările cu diverse entități, în general fenomenele ESP);

- *fenomenele de interval spațio-temporal* (teleportările, călătoria în timp, viziunile, etc.)

Toate aceste tipuri de fenomene paranormale sunt echivalente și se pot transforma unele în altele în anumite condiţii sau situaţii.

1.6. FENOMENE GENERATE DE BIOSFERE

Dintre fenomenele generate de biosfere, ar fi de subliniat transformările produse de acestea asupra mediului (sau a toposului, a ecosferei). Desigur că se face referire la biosfera terestră, care este cunoscută mai bine şi, prin extrapolare, imaginaţie, etc., se poate generaliza şi pentru alte biosfere asemănătoare celei terestre – biosfere numite şi teroide - , în mai mică sau în mai mare măsură.

Un exemplu cunoscut îl reprezintă modificarea compoziţiei chimice a atmosferei de către biosfera terestră. Compoziţia chimică a atmosferei din era prebiotică, săracă în oxigen, a fost modificată, odată cu apariţia primelor formaţiuni biologice: a crescut cantitatea de oxigen, datorită procesului de fotosinteză, având un rol fundamental în apariţia regnului vegetal, o componentă a biosferei terestre.

Această modificare a compoziţiei chimice a atmosferei a condus la apariţia altor fenomene adiacente, permiţând apariţia şi dezvoltarea regnului animal, o altă componentă a biosferei terestre. Ulterior, odată cu apariţia şi dezvoltarea antroposferei şi apoi a tehnosferei, s-au accentuat modificările produse atât în atmosferă cât şi, în general, asupra suportului cosmic al biosferei (planeta). Pe de altă parte, în actuala etapă de evoluţie a biosferei terestre (şi a tehnosferei generate de către biosferă, biosfera fiind cea mai puternică forţă transformatoare), aceste modificări produse la nivel planetar, nu sunt totuşi fundamentale, sunt parţiale, deoarece posibilităţile de transformare pot fi duse foarte departe…

Aşadar, biosferele produc modificări ale mediului, printre care:

1. *Modificări ale substratului cosmic* (la nivel planetar) – aceste modificări, pot fi:

- formale sau superficiale, respectiv, spre exemplu, modificări ale reliefului, ale compoziţiei chimice a atmosferei, hidrosferei, litosferei, etc.;

- radicale, mergând până la distrugerea planetei (respectiv transformarea acesteia în corpuri cosmice mici, de exemplu).

2. *Modificări ale sistemului cosmic local* - (în cazul biosferei terestre, a sistemului solar) – diverse restructurări, intervenţii în procesele energetice ale sistemului, amenajări, etc.).

3. *Modificări galactice* şi, mai puţin probabil, ar fi modificări ale

metagalaxiei (în care caz, conform cu conservarea generalizată și echivalența generalizată, aceasta ar conduce la o concentrare informațională greu de imaginat).

Alte fenomene posibile generate de biosfere: apariția unor noi corpuri cosmice, efecte fizice sau produse de sinteză, apariția altor tipuri de biosfere, amorsarea sau inducerea unor explozii stelare, distrugerea unor obiecte cosmice, etc.

În **concluzie**, dintre *fenomenele generate de biosfere*, ar fi de subliniat transformările produse de acestea asupra mediului (sau a toposului, a ecosferei), apariția unor noi corpuri cosmice, efecte fizice sau produse de sinteză, apariția altor tipuri de biosfere, amorsarea sau inducerea unor explozii stelare, distrugerea unor obiecte cosmice...

1.7. CONEXIUNI ÎNTRE BIOSFERE

Problema aceasta a conexiunilor dintre biosfere este foarte interesantă și chiar fascinantă. Legat de această problemă se pot formula o mulțime de întrebări... Se pot realiza conexiuni între biosfere ? Dacă da, ce fel de conexiuni ? Cum se realizează ? Există tipuri de conexiuni ? Sunt biosfere privilegiate în acest sens ? Adică se realizează conexiuni preferențiale, respectiv conexiuni numai între anumite biosfere, iar între alte biosfere nu se pot realiza conexiuni ? Sau există o lege care interzice orice fel de conexiune între biosfere ? Dacă nu există o astfel de lege și se pot realiza conexiuni, atunci cât durează conexiunile dintre biosfere ? Sunt aceste conexiuni limitate, de scurtă durată sau de lungă durată ? (Așadar problema duratei conexiunilor). Ce efecte au aceste conexiuni ? Se realizează conexiuni limitate și restrânse sau mai multe, mai întinse ? Se pot realiza sisteme de biosfere ?

Desigur că răspunsurile la aceste întrebări (precum și la multe altele), pot fi formulate peste... mult timp, poate peste milenii, cine știe când, dar... deocamdată, acum, se poate presupune, se poate imagina...

Se poate imagina de pildă că, din perspectiva conexiunilor dintre biosfere, există următoarea clasificare:

> *biosfere singulare* – "monadice" – care nu realizează contacte cu alte biosfere;

> *biosfere unice* – sunt biosfere care nu au realizat și nu pot realiza decât o singură conexiune cu o altă biosferă;

> *biosfere plurale* sau "conexionale" – care realizează contacte multiple cu alte biosfere;

> *biosfere primare* ("genetice") – care au generat alte biosfere;

> *biosfere succesoare* – generate de biosferele primare; sunt secundare, terțiare... etc., și pot fi de mai multe forme:

→ *liniare* : biosfera A generează biosfera B, care generează biosfera C, etc.;

→ *multiliniare* : biosfera A generează biosferele B, C, D, ..., Z;

→ *rețea* : biosfera A generează biosferele B, C, D, ... , mai departe, biosfera B generează biosfera H, biosfera C generează biosfera I, biosfera I generează biosfera M, etc.;

> *biosfere biconexe* – reprezintă un ansamblu de două biosfere;

> *sisteme de biosfere* – reprezintă mulțimi de biosfere conexate în diferite moduri.

Se mai poate imagina că, de pildă, conexiunile dintre biosfere, se mai pot clasifica, astfel:

1) conexiuni reciproce – biosfera A este în contact cu biosfera B și reciproc, biosfera B este în contact cu biosfera A;

2) conexiuni unisens (monosens) – conexiunile de la o biosferă la alta; numai biosfera A este în contact cu biosfera B;

3) conexiuni constructive – un fel de cooperare, fie reciprocă, fie într-un sens, de la o biosferă la alta, de genul "una ajută pe cealaltă";

4) conexiuni distructive – biosferele se distrug;

5) conexiuni de echilibru sau stagnante – există o stabilitate a relațiilor dintre biosfere;

6) conexiuni univoce – numai o biosferă a contactat o altă biosferă care, din diferite cauze nu poate realiza biunivocitatea, altfel spus, numai o biosferă oarecare A a contactat o altă biosferă B, dar nu și invers, din diferite motive (stagnare, diverse situații conflictuale, etc.);

7) *conexiuni biunivoce* – biosferele sunt în contact reciproc;

8) *conexiuni intragalactice* – sunt realizate de biosfere din aceeași galaxie;

9) *conexiuni intergalactice* – sunt realizate de biosfere aparținând unor galaxii diferite;

10) *conexiuni multiple* – sunt realizate atât de către biosfere aparținând unei galaxii anumite cât și de biosfere aparținând altor galaxii;

11) *conexiuni alternante* – sunt conexiuni care se realizează discontinuu sau care se realizează selectiv sau după caz, periodic;

12) *conexiuni continue* (sau permanente) – sunt conexiuni permanente şi omogene;

13) *conexiuni discontinue* – sunt conexiuni periodice sau nu şi care nu sunt întreţinute permanent;

14) *conexiuni incidentale* – conexiuni care, fie au continuat, fie nu au continuat să se dezvolte ulterior contactului iniţial;

15) *conexiuni accidentale* (întâmplătoare) – conexiuni care s-au realizat întâmplător, fără o pregătire sau fără un stadiu prealabil;

16) *conexiuni "pregătite"* – conexiuni care s-au realizat după o prealabilă tatonare sau după observaţii prealabile;

17) *conexiuni ratate* – conexiuni incipiente care nu s-au dezvoltat datorită unor cauze diverse;

18) *conexiuni forţate* – conexiuni datorate împrejurărilor, impuse de factori cosmici, de tip "salvare", de "solidarizare în vederea depăşirii unor situaţii catastrofale", etc.

Conexiunea dintre biosfere se realizează atunci şi numai atunci când există un *punct critic* în evoluţia acestora, când există un surplus informaţional, energetic, substanţial la o biosferă şi respectiv un deficit informaţional, energetic, substanţial la altă biosferă, precum şi *anumite compatibilităţi* ale structurilor şi proceselor interne dintre ele.

Un indice important ce caracterizează conexiunile dintre biosfere este **influenţabilitatea** (sau **inductivitatea**) care semnifică impunerea unor structuri şi procese proprii unei biosfere asupra altei biosfere, fiind aşadar controlate sau parţial controlate de biosfera-sursă de influenţă (modificatoare).

Este un raport între surplusul sau aportul de informaţii, substanţe energii adus de către o biosferă care influenţează şi capacitatea de absorbţie a informaţiilor, substanţelor, energiilor de către biosfera influenţată. Poate varia între zero şi unu. Este zero atunci când aportul de informaţie, substanţă şi energie este neglijabil şi deci o biosferă nu influenţează o altă biosferă şi este unu atunci când aportul de informaţie, substanţă, energie este total, absorbţia este totală şi biosfera care suferă influenţa este invadată de către altă biosferă (sursă de influenţă).

Pe de altă parte, există o anumită rezistenţă la influenţa unei biosfere de către altă biosferă şi de asemenea pot exista şi influenţe reciproce.

În general biosferele se pot afla în relaţii de: *neutralitate, de competiţie, de simbioză, de cooperare, de antibioză (distrugere reciprocă), de parazitism, de reproducere, de funcţionalitate*, etc.

În ceea ce priveşte conexiunile biosferei terestre cu alte biosfere, se poate semnala existenţa (controversată) a *obiectelor zburătoare neidentificate* (O.Z.N); însă, până nu se va atinge punctul critic în evoluţia biosferei terestre, ca şi *punctul critic* în evoluţia altei biosfere, contactul efectiv nu se va realiza.

Fiecare dintre biosfere trebuie să atingă un anumit cumul de informaţie (calitativ şi cantitativ), să vehiculeze anumite genuri de energii şi substanţe, să realizeze anumite structuri şi să întreţină anumite procese interne care să fie, într-o anumită măsură, asemănătoare (izomorfe).

Un aspect interesant îl constituie " *dreptul* " sau *"justiţia cosmică"*. Aceasta se traduce de fapt prin respectarea unor legi care, în ultimă instanţă trebuie să se subordoneze conservării generalizate şi echivalenţei generalizate dintre substanţă, energie şi informaţie.

1.8. ORIZONTUL GNOSEOLOGIC ŞI ONTOLOGIC AL BIOSFERELOR

Orizontul gnoseologic al biosferelor reprezintă posibilităţile de cunoaştere ale biosferelor.

Orizontul ontologic al biosferelor reprezintă posibilităţile şi limitele existenţiale ale biosferelor.

Biosfera terestră a evoluat generând antroposfera, ca un nivel superior al acesteia, un nivel ce este caracterizat prin aceea că manifestă o proprietate nouă faţă de precedentul nivel – proprietatea numindu-se "cunoaştere".

Care sunt însă posibilităţile şi limitele cunoaşterii şi ce reprezintă, de fapt, cunoaşterea pentru biosfere, respectiv ce sens şi semnificaţie are cunoaşterea pentru biosfere ? Cunoaşterea, se pare, reprezintă o modalitatea de rafinare a informaţiei, energiei, substanţei; prin cunoaştere se realizează niveluri superioare de organizare ale biosferei şi concentrări mai eficiente de substanţă, energie, informaţie, precum şi deschiderea unor căi de acces la profunzimile existenţei. Dar cât pot cunoaşte biosferele ? Biosferele pot cunoaşte atât cât le permit caracteristicile lor, respectiv atât cât le permit limitele impuse de parametrii locali şi cosmici, cunoaşterea fiind totodată variabilă, modificându-se odată cu schimbările acestor parametri. În sfârşit, ce se poate cunoaşte despre biosfere ? Nimic sau totul ? Ceea ce se

poate cunoaște despre biosfere este strâns legat de orizontul lor
ontologic (figura 1.5.).

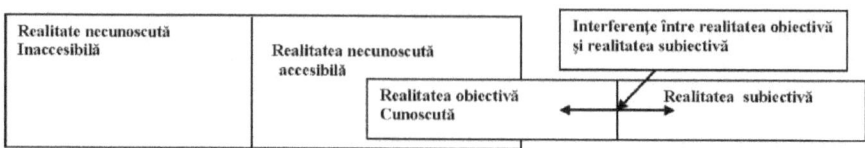

Figura 1.5. Orizontul gnoseologic al biosferelor

Cu cât orizontul ontologic al unei biosfere este mai mare, respectiv
cu cât posibilitățile și limitele existențiale ale biosferei sunt mai largi,
cu atât se va putea cunoaște mai puțin și invers, cu cât orizontul
ontologic al biosferei este mai mic, cu atât se va putea cunoaște mai
mult despre biosfere. La intersecția dintre orizontul ontologic și
orizontul gnoseologic se formează <u>orizontul temporal al biosferelor</u>,
care poate fi ilustrat în figura 1.6.

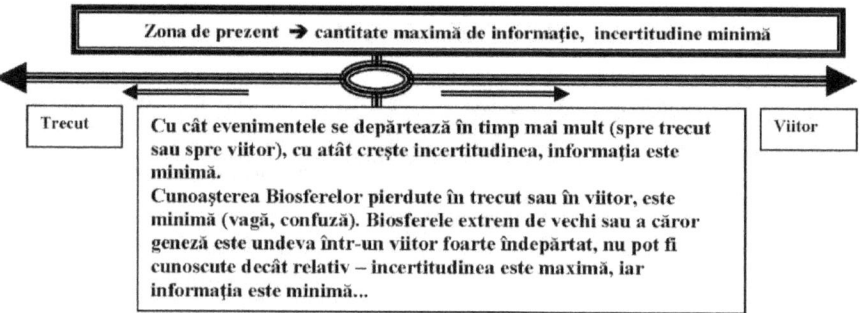

Figura 1.6. Orizontul temporal al biosferei

REFLECȚII FINALE

→ Este de subliniat că toate legile științei precum și constantele
fizice sunt de fapt consecințe ale conservării informației; acestea
există și sunt aplicabile în orice loc din Univers; într-adevăr, dacă
informația nu s-ar conserva, atunci, aceasta ar apărea și ar disparea
oricum, oricând și oriunde în Univers, fără să existe coerență și
accesibilitate... Totul ar fi un haos care nu poate fi descris sau redat în
cuvinte...

Pe de altă parte, se pune problema cunoașterii modurilor de
existență, a atributelor, a formelor de existență ale materiei și

spiritului, a altor tipuri de mişcare, de subtilitate, de spaţiu şi timp, de substanţă, câmp, energie, informaţie (a hiperstructurii şi metastructurii Universului) şi a cunoaşterii modului cum biosferele contribuie şi conduc la stabilitatea galaxiei precum şi la cunoaşterea distribuţiei biosferelor în galaxie şi a tipurilor de biosfere.

Rezolvarea problemelor, ar putea pleca pe de o parte de la studiul şi dezvoltarea logicii, logica fiind o modalitate de cunoaştere a existenţei, iar pe de altă parte de la studiul şi dezvoltarea *revelaţiei paranormale veritabile*, de asemeni aceasta fiind tot o modalitate de cunoaştere a existenţei. Mai trebuie notat că raportul dintre cunoaşterea Materiei şi cunoaşterea Spiritului este un raport invers proporţional... Fie se vor cunoaşte foarte multe despre Materie, utilizând metodele logico-matematice, observaţionale şi experimentale adecvate, dar în acest caz cunoaşterea Spiritului prin aceste metode va fi minimă, fie se vor cunoaşte foarte multe despre Spirit utilizând metodele adecvate de exemplu de revelaţie paranormală veritabilă, dar în acest caz, cunoaşterea Materiei va fi minimă – este un fel de principiu de nedeterminare cunoscut în mecanica cuantică drept principiul lui *Heisenberg*, aplicat în cazul mai general al cunoaşterii Universului Material şi a Universului Spiritual.

$$M \cdot S \geq K$$

unde: M – cunoaşterea Materiei, S – cunoaşterea Spiritului, K – o constantă de cunoaştere minimă.

MATERIA ŞI SPIRITUL SUNT COMPLEMENTARE

Fred Alan Wolf a subliniat foarte bine acest aspect:

„*Deci, cu cât suntem mai obiectivi în observaţiile noastre, cu atât vom avea dificultăţi mai mari în a ne ocupa de spirit – şi cu atât va fi mai probabil să fim atraşi în lumea materială. Invers, cu cât ne trezim mai mult din punct de vedere spiritual, cu atât vom simţi mai puţină grijă pentru existenţa noastră materială.*"

(Fred Alan Wolf – „*Dr. Quantum şi cărticica marilor idei: unde ştiinţa se contopeşte cu spiritualitatea*", Editura PRESTIGE, 2010, trad. Cristiana Laura, pag. 38).

Revenind la chestiunile legate de studiul şi dezvoltarea logicii, se pune problema studiului *noţiunilor*: cum se formează şi dacă nu cumva pot fi induse şi noţiuni *apriori*, urmând ca acestea să fie bine definite complet, *aposteriori.*

Immanuel Kant atrăsese atenţia privitor la noţiunile apriori, referitor la spaţiu şi timp şi în acest context, mergând pe această idee, ne putem întreba: nu s-ar putea induce noţiuni apriori (adică fără a fi mai întâi abstrase sau "extrase" din experienţa mijlocită sau nemijlocită), fără a fi pur subiective ? Dacă da, cum ? Aceasta s-ar putea face prin studiul informaţional al noţiunilor, judecăţilor şi raţionamentelor, pe de o parte, apoi operaţional şi matematic pe de altă parte. S-ar putea prefigura sau modela o serie de noţiuni (şi categorii) care ar fi, în stadiu incipient, într-o formă *vagă*, cu un conţinut destul de "rarefiat", dar, odată cu dezvoltarea cunoaşterii, acestea ar începe să prindă contur, să se precizeze, iar conţinutul lor să se îmbogăţească.

→ În general, stabilitatea înseamnă invarianţă în timp, ceva este nemodificat în timp, este identic cu sine însuşi pe o anumită durată. Instabilitatea înseamnă contrariul, ceva se modifică, nu mai este identic cu sine. Acel ceva poate însă reveni, poate exista din nou după un timp, fie într-un alt context, fie în altul, dar tot atât de bine poate să nu mai revină. Biosferele reprezintă o expresie sau o formă de stabilitate deosebită şi induc o formă sau o expresie a stabilităţii deosebită în galaxie. Rămâne de văzut de ce şi cum se realizează aceasta.

→ Aşadar, conform ipotezelor făcute, biosfera terestră, nu este unică în galaxie. Alături de ea, sunt dispersate în galaxia Calea Lactee o mulţime de alte biosfere. Rolul acestora, se pare că este acela de a asigura un relativ echilibru intern, o relativă stabilitate a galaxiei. Modul cum apar, cum se dezvoltă şi cum dispar este deocamdată puţin cunoscut. În tot cazul, fiecare prezintă moduri specifice de evoluţie şi anumite legături şi raporturi, atât între ele cât şi cu mediul cosmic, care pot fi cel mult presupuse şi schematizate. Modul cum asigură aceste biosfere echilibrul şi stabilitatea galactică (nu este totuşi singurul factor care realizează echilibrul şi stabilitatea galactică) este deocamdată necunoscut. Se pun diverse întrebări interesante, spre exemplu...

"De ce a apărut biosfera terestră şi în general de ce au apărut biosferele în galaxie ? Ce rol au biosfere în galaxie ?"

Se poate răspunde că biosferele au apărut datorită unor necesităţi interne ale galaxiei, având rolul de a asigura un relativ echilibru şi o relativă stabilitate mai bine zis de a contribui la echilibru şi la stabilitate. În general prin evoluţia tehnosferelor, care sunt generate de către unele biosfere, acestea tind spre o stare de conservare care se răsfrânge și asupra mediului cosmic. Desigur, poate că nu toate biosferele "recurg" la acest mod de autoconservare (adică la această "contribuție" a tehnosferei), dar, se pare că este o modalitate. Universul actual este un fragment dintr-un ansamblu hipercomplex, ansamblu pe care l-am denumit HIPERSTRUCTURĂ sau MARELE UNIVERS sau, altfel spus, HIPERUNIVERS. Spațiul și timpul, așa cum sunt cunoscute actualmente, nu au ca singure proprietăți acelea pe care le cunoaștem acum, putând exista și altele (spre exemplu spații cu dimensiune negativă sau fracționară sau complexă), care alcătuiesc HIPERSTRUCTURA și Metastructura (adică respectiv cadrul sau modul de organizare al MARELUI UNIVERS). Ele nu sunt cunoscute actualmente. Universul "nostru" este influențat de HIPERSTUCTURA din care face parte. Cum ? Influențele sunt greu de evidențiat datorită scării la care au loc aceste influențe, pe de o parte, pe de altă parte, datorită faptului că nu cunoaștem această HIPERSTRUCTURĂ. Totuși, putem să ne imaginăm...

Fie cazul acceptat al Universului în expansiune sau al modelului de Univers inflaționist. Datorită unor cauze din HIPERSTRUCTURĂ, Universul "a luat naștere" printr-o "mare explozie", așa-numit Big Bang.

Apoi, a avut loc condensarea toponilor, a crononilor (respectiv a cuantelor de spațiu și de timp), apoi condensarea substanței, formarea structurilor sau formarea "edificiilor" cuantice și apoi chimice și cosmice...

Odată galaxiile formate, "problema" pentru ele a fost să își asigure stabilitatea, echilibrul, (o stabilitate internă, dinamică, diferită de stabilitatea gravitațională). Pe de altă parte, în urma proceselor cuantice și cosmice, s-a ajuns la producerea unei imense cantități de substanță și energie, care a trebuit să fie convertită în informație și apoi stocată în anumite entități. Ca urmare, au apărut biosferele și derivate ale acestora. Între biosfere și mediul cosmic precum și între ele însele, s-au stabilit raporturi, legături. O mare parte din masa Universului se pare că a fost convertită în informație, (prin echivalența masă-informație), și stocată mai departe în biosfere și derivate ale acestora.

Pentru a cunoaște mai departe, trebuie dezvoltată pe de o parte logica, din punct de vedere informațional și operațional, adică trebuie prefigurate noțiunile potențiale și pe de altă parte trebuie dezvoltată ceea ce am denumit revelația exotică (paranormală) veritabilă, o formă de cunoaștere specifică, spirituală, la fel de valoroasă ca și cunoașterea zisă științifică și care poate fi complementară acesteia, o poate completa și sprijini în mod necesar.

→ Viața a apărut la un moment dat al evoluției Universului, ca urmare a unui echilibru optim între energia, substanța și informația Universului... După crearea acelui echilibru optim, viața nu a mai apărut, ci numai s-a perpetuat și a evoluat...

Dacă s-ar putea reface un astfel de echilibru optim, atunci se mai poate repeta apariția vieții... Care este acest echilibru optim ? Rămâne de cercetat...

Chiar dacă viața ar fi sintetizată în laborator de niște savanți, folosind o tehnologie deosebit de complexă, chiar și așa, se poate spune că viața a fost DETERMINATĂ sau SINTETIZATĂ, dar nu se poate spune că a apărut ! Viața a apărut o singură dată, cândva, la începutul UNIVERSULUI !... Apoi, viața s-a perpetuat și s-a răspândit !... Chiar și acei savanți care sintetizează viața în laborator, nu fac altceva decât să perpetueze viața... VIAȚA NU POATE SĂ APARĂ ÎN UNIVERS DECÂT O SINGURĂ DATĂ !...

→ Marele filozof G. W. Leibniz, a intuit foarte exact această stare de lucruri, în magistrala sa lucrare, ” Monadologia”... Scria astfel...

”*Așadar, nimic nu e incult, steril și mort în Univers; nu există haos, nu există confuzie decât în aparență, adică așa cum ar părea de la distanță într-o baltă în care am vedea o mișcare confuză și, ca să zicem așa, o mișunare a peștilor din iaz, fără să distingem peștii înșiși.*”

→ Nu trebuie uitat însă că viața poate avea nenumărate modalități de reprezentare și de manifestare și va evolua sau se va diversifica atâta timp cât Universul va impune aceasta... Așadar, trebuie subliniat încă odată că apariția și evoluția vieții s-a datorat, necesităților evolutive ale Universului... Viața nu a apărut întâmplător și nu va dispărea întâmplător...

→ Studiul acesta al "destinului" biosferelor (și al derivatelor acestora – civilizațiile sau sociosferele, noosferele, tehnosferele, parapsihosferele, enisisferele, etc.), al repartizării biosferelor (și al derivatelor acestora) în Cosmos, al conexiunilor dintre biosfere (și al derivatelor acestora), etc., precum și studiul MARELUI UNIVERS, ar putea constitui obiectul de investigație al unei științe, numite spre exemplu... ***cosmobiodinamică*** sau ***demiurgetica*** (de la demiurg - creator; principiu activ, făuritor al lumii în unele concepții filozofice idealiste; principiu creator. – latina: demiurgus, greacă: demiurgos – meşteşugar), iar acest studiu probabil că va fi făcut cândva, poate că peste ... milenii sau poate că mai devreme, aşa cred, aşa sper...

*

Problematica este fascinantă sau cel puţin pe mine mă fascinează... Mărturisesc că m-au fascinat unele idei, printre care: ideea de conservare generalizată şi de echivalenţă generalizată; ideea de includere a Universului în Hiperstructură – respectiv în MARELE UNIVERS (UNIVERSUL ASCUNS sau CRIPTOUNIVERS); ideea de transdimensiune a spaţiului, precum şi ideea de spaţiu cu dimensiune complexă şi de spaţiu cu dimensiune variabilă, ceea ce implică mai departe ideea de hipertimp sau metatimp; ideile privind rolul biosferelor în Univers, în contextul în care civilizaţiile reprezintă un caz particular de biosfere (de fapt sunt biosfere evoluate)...

Pe de altă parte, printre multe alte întrebări pe care mi le-am pus, mai sunt încă trei întrebări la care încerc să răspund, în final...

De unde ştiu că sunt adevărate cele afirmate în paginile anterioare?

Am înţeles ceea ce am scris mai sus ?

Ce aplicaţii sau urmări pot avea cele afirmate mai sus ?

→ A fost pur şi simplu o fantezie... Întotdeauna m-am întrebat, pe de o parte ce este viaţa, pe de altă parte, ce rol are viaţa în cadrul organizării şi evoluţiei Universului; am crezut că viaţa nu putea să apară decât dacă are "un rost", viaţa nu este un "capriciu" al Universului; "viaţa de dragul vieţii" nu are sens atunci când totul în Univers se pare că are un anumit rol, o anumită funcţie în existenţa acestuia...

M-am tot întrebat, am tot citit şi iar m-am gândit şi am încercat să răspund... Iar această încercare de răspuns este scris succint în paginile precedente... Aşadar destinul vieţii este acela de a contribui la stabilitatea, la existenţa galaxiei ca parte constituentă a Universului şi prin extrapolare, la stabilitatea (relativă) şi existenţa Universului însuşi...

→ Viaţa a fost impusă de galaxie, de Univers şi nu va dispare atâta timp cât va fi o necesitate în existenţa Universului însuşi, iar Universul însuşi este înglobat într-o structură atât de complexă (hiperstructură) cum nici nu se poate concepe deocamdată...

→ Dacă am înţeles cele ce am scris... Da, aş zice că le intuiesc...

*

> Dar se naşte o dilemă... Din nimic am apărut şi în nimic ne vom

55

întoarce sau am apărut din eternitate şi ne vom duce în eternitate ?...
Care să fie adevărul ?... Ce situaţie să aleg ?... Iată întrebări la care
fiecare va răspunde după cum va crede de cuviinţă...

*

> În sfârşit, două sugestii: poate că rolul biosferelor în Univers
este SĂ GENEREZE INORMAŢIE, întrucât fără informaţie,
existenţa UNIVERSULUI este imposibilă !...

Şi, poate că, ar mai avea un rol: să genereze UNIVERSURI
ALTERNATIVE...

Sunt sugestii prea fantezise ? Mă tem că nu...

BIBLIOGRAFIE SELECTIVĂ

Dumitru Constantin Dulcan – *"Inteligenţa materiei"*, Editura Teora,
Bucureşti, 1992

Florescu Mihail - *" Materia sau realitatea obiectivă "*, editura Politică,
1972, Bucureşti

Folescu C. – *"Există inteligenţă extraterestră ?"*, Editura Albatros,
Bucureşti, 1991

George Gamow – *"O planetă numită Pământ"*, Editura Ştiinţifică,
Bucureşti, 1968

Lee M. Silver – *" Clonarea umană un şoc al viitorului "* , Editura Lider,
Bucureşti, 2001

Leibniz G, W. – *"Monadologia" în "Opere filozofice"*, Editura
Ştiinţpfică, Bucureşti, 1972

Lupei Nestor – *"Biosferă"* , Editura Albatros, Bucureşti, 1977

Restian A. – *"Unitatea lumii şi integrarea ştiinţelor sau integronica"*,
Editura ştiinţifică şi enciclopedică, Bucureşti, 1989

Rostand Jean, 1962, *"La vie"*, Ed. P.Larousse, Paris

Savage T. Marshal – *" Proiectul Milenium. Colonizarea Galaxiei în opt
paşi uşor de făcut"*, Editura Elit, Bucureşti, 1997, (pentru Anexa 1)

Şerban M., E. – *"Omul şi astrele"*, Editura Dacia, Cluj-Napoca,
1986

Todoran I, Ţăran E. – *"În căutarea vieţii pe alte planete"*, Editura
Dacia, Cluj-Napoca, 1983

Tiberiu Toró – *"Fizică modernă şi filozofie"*, Editura Facla,
Timişoara, 1973)

Voronkov M.G., Zelcian G.I., Lukeviţ E., - *"Siliciul şi viaţă"* -
Editura Ştiinţifică, Bucueşti, 1974, trad. Strugaru G.

* * * - " *Mică enciclopedie de Biologie și Medicină. Concepte. Concepții. Controverse*", Săhleanu V., Stugren B., Editura Științifică și Enciclopedică, București, 1976.

2. MISTERUL COMUNICĂRII TEMPORALE

„Există, oare, şi alte lumi, în alte feluri ? Eu cred că da. Pledez pentru o teză a pluralităţii lumilor sau, altfel spus, pentru un realism modal care susţine că lumea noastră nu este decât una dintre numeroasele lumi posibile. Există nenumărate alte lumi, alte entităţi extrem de cuprinzătoare."
David Lewis – „Despre pluralitatea lumilor"
(Editura Tehnică, 2006, Bucureşti, trad. Oana Gabor Şoimu, pag. 24)

Comunicarea în timp. Înseamnă un anumit contact, o anumită legătură între două sau mai multe persoane, între două sau mai multe conştiinţe situate în epoci diferite. Precum se ştie, comunicarea în spaţiu se realizează prin limbaj (verbal sau prin scris, prin semnale diverse). Este oare imposibilă o legătură între mai multe persoane situate diferit în timp, spre exemplu, o persoană aflată undeva în antichitate şi alta situată undeva în epoca modernă ? Poate că nu…

2.1. INDICII PRIVIND COMUNICAREA TEMPORALĂ

Comunicarea temporală reprezintă un contact între două sau mai multe fiinţe aflate în epoci istorice sau preistorice diferite… În cadrul acestui contact se poate realiza un transfer unilateral sau bilateral de informaţii (sub formă de gânduri, imagini, sentimente) sau de energie.

Există o serie de enigme care trezesc uimire celor ce află despre ele. Iată câteva dintre acestea.

• *Cunoştinţele ştiinţifice şi tehnice ale unor civilizaţii pierdute*

S-ar părea că unele civilizații pierdute – Lemuria, Atlantida, Sumer, Egipt, etc. – aveau unele cunoștințe avansate – cunoștințe matematice, astronomice, medicale, fizico-chimice, inginerești...

David Hatcher Childress în remarcabila sa carte ”*Tehnologia zeilor. Fascinanta cunoaștere a anticilor*” (Editura VIDIA, București, 2012, trad. Nicoleta Radu), scrie în Prefață:

”*Teme cum sunt zborul, războaiele atomice antice, electricitatea în lumea antică și altele asemenea ar putea părea bizare pentru mulți oameni, în special pentru cititorii cu „studii înalte”. Pentru mulți, aceste subiecte par de-a dreptul incredibile, nici nu merită să fie puse în discuție; cu toate acestea... există multe dovezi care ne conduc spre ideea că avem un trecut avansat din punct de vedere tehnologic.*”

După cum se arată în carte, aceste cunoștințe și realizări se referă la: construcții megalitice, metalurgie și utilaje, electricitate, zbor și război aerian, război atomic, dar și la alte cunoșrințe, cum ar fi cele din domeniul medicinii...

(Cu toate acestea, după cum se pare, nu au realizat... sateliți artificiali, sau poate că nu s-au descoperit încă...)

Se poate pune așadar întrebarea: cum au ajuns să aibe astfel de cunoștințe ? Aceste cunoștințe se obțin, după cum se știe în urma unor cercetări efectuate în diverse laboratoare, în care există tot felul de aparate, mașini și instalații complexe... Unii oameni afirmă că a existat un contact cu civilizații extraterestre avansate științific și tehnologic care ar fi contribuit la dezvoltarea acelor civilizații pierdute... Dacă ar fi așa, mă pot întreba: de ce le-au lăsat să se piardă ? Cred că este nesatisfăcător un eventual răspuns de tipul... "*nu se poate ști ce intenții au avut acele civilizații extraterestre și prin urmare nu se poate ști ce plan au avut în legătură cu civilizațiile pierdute...*"

Unii ar putea chiar să afirme că... poate că asta au și intenționat și anume că, după ce le-au ajutat să se dezvolte, apoi le-au lăsat să piară !

Alții însă ar putea să afirme că acele cunoștințe și realizări tehnico-științifice sunt chiar produsul inteligenței acelor civilizații pierdute – în fond de ce să subestimăm capacitățile acelor oameni ? Dacă ar fi așa, atunci ne putem întreba cum au obținut acele cunoștințe, prin ce mijloace, altele decât se știe că s-au obținut de către actuala civilizație umană ? Căci dacă au urmat aceeași cale de obținere a cunoștințelor ca și aceea a civilizației noastre, atunci ar trebui să ne întrebăm: unde sunt laboratoarele, prototipurile, instalațiile, atelierele, etc. care ar fi trebuit să existe ? Chiar să nu fi rămas nici o urmă ? De ce totuși nu au transmis cunoștințele respective ? Cum s-au pierdut acele cunoștințe ?... Este posibil să fi existat și alte modalități de obținere a informațiilor tehnico-științifice, altele decât modalitățile pe care le știm ? Ar trebui poate cercetat acest aspect...

Pe de altă parte, îmi permit să mă gândesc la o altă posibilitate... Ce-ar fi dacă acele civilizații au realizat de fapt un transfer de informații (respectiv o comunicare în timp) cu un grup de cercetători, situați cândva în VIITOR, când cunoașterea științifică și dezvoltarea tehnologică era deosebită ? De ce nu ? Cei care au o gândire liberă, pot accepta o astfel de posibilitate...

Așadar, în legătură cu această problematică se pot concepe următoarele variante de rezolvare:

- Fie că aceste cunoștințe științifice și tehnice au fost obținute chiar de către oamenii de atunci, de demult, numai că în acest caz, acei oameni erau diferiți de cei actuali, în sensul că aveau anumite capacități fizice, psihice sau intelectuale diferite, spre exemplu erau capabili să efectueze calcule matematice complicate rapide și exacte, aveau o memorie deosebită, erau capabili de un efort fizic remarcabil, aveau posibilitatea de a face observații de finețe; poate că aveau și capacități paranormale...

- Fie că acele cunoștințe științifice și tehnice au fost transmise de către o civilizație extraterestră - scopul pentru care au fost transmise, nu se poate preciza, însă...

În acest context s-ar putea chiar presupune că au fost transmise de către ființe situate în dimensiuni superioare - dimensiunea a cincea...

- Fie că au fost transmise de către oameni din viitor - a fost așadar vorba de o comunicare temporală - scopul pentru care au fost transmise, nu este clar (poate că s-a dorit un fel de accelerare a cunoașterii, poate realizarea unei cronoplastii - adică a unei modificări temporale).

- Fie că tot ceea ce s-a presupus sunt niște aberații, toate faptele care ar proba existența acestor cunoștințe științifice avansate nu sunt decât un fel de trucaje, în scopul de a crea senzație, de a abate atenția de la tot felul de probleme sociale și economice, sau de a ascunde diverse activități politice...

Poate că este ceva din toate astea, iar o abordare unilaterală nu ar face decât să limiteze aflarea adevărului.

• *Comunicarea și percepția extrasenzorială*

Se referă la anumite abilități pe care le-ar avea anumite persoane în ceea ce privește obținerea unor informații în condiții neobișnuite și anume capacitatea de a emite și de a recepționa mesaje altfel decât prin acelea obișnuite; premoniții și clarviziuni integrale (implicit viziunea trecutului și a viitorului)... Aceste aspecte au fost dezbătute în tot felul de cărți, filme, scenarii...

Dr. Albert Leprince în cartea „*Undele Gândului – Manual de telepatie provocată*" (Editura Tempus Romania S.R.L., București, 1995), subliniază următorul aspect:

„*În astfel de revelații ale unui viitor mai mult sau mai puțin îndepărtat, nu mai este vorba de amintirea unor sisteme dinamice trăite și conservate în creier, nu mai este vorba de realități trecute sau prezente care pot fi explicate prin comunicarea între psihicuri sau prin acord de rezonanță, ci de realități viitoare în stare de neant actual.*

Creierul uman ne-a apărut până aici ca un organ receptor de senzații actuale. Ori, pentru anumite persoane premonițiile, avertismentele, îi fac să cunoască realități care sunt încă inexistente, iar pentru altele le sugerează evenimente la o dată mai mult sau mai puțin îndepărtată și care se realizează exact cum au fost avertizate." (Pag. 29)

• *Comunicarea cu spiritele*

În secolele XVIII, XIX, XX, existau oameni care se ocupau cu contactarea în diverse moduri a... spiritelor. Spiritele sau sufletele morților, afirmau acei oameni, puteau să transmită anumite mesaje. Într-o anumită măsură, cred că este un exemplu de comunicare temporală – se poate admite că este o comunicare cu o presoană aflată cândva, în trecutul altei persoane...

• *Profețiile*

În decursul timpului, din antichitate și chiar până în zilele noastre, tentația de a afla ce se va întâmpla în viitor, a fost irezistibilă ! Au existat și există multe procedee în acest sens. Și în cazul profețiilor cred că este vorba de o comunicare temporală (un fel de... telepatie în timp).

(În treacăt, trebuie spus că atât comunicarea cu spiritele cât și profețiile erau, și încă sunt, câteva dintre activitățile care definesc unele societăți secrete).

• *Unele boli psihice*

Este vorba de prosedare și de personalitățile multiple, care sunt considerate actualmente ca fiind tulburări sau boli psihice. În literatura psihiatrică sunt cunoscute cazurile în care diverse persoane trec brusc de la un comportament la altul, de la un tip de personalitate la alt tip de personalitate... Sunt cunoscute cazurile denumite "posedare de diavol", care impun anumite procedee denumite "exorcizări" (adică niște ritualuri religioase prin care se încearcă eliminarea personalității străine sau "invadatoare"). Cu toate acestea mă întreb: ce-ar fi dacă acea "personalitate invadatoare", ar fi de fapt... cineva, un individ din trecut sau din viitor care vrea să transmită un mesaj sau care vrea să influențeze cumva ?

• *Reîncarnarea și Karma*

Sunt unii cercetători care încearcă să demonstreze că reîncarnarea există... Spre exemplu, o modalitate de a demonstra aceasta este hipnoza. O anumită persoană este hipnotizată, intră așadar în, ceea ce se numește "transă hipnotică" și, la îndemnul hipnotizatorului, povestește despre tot felul de întâmplări sau descrie tot felul de locuri, pretinzând că ar fi trăit cândva, în trecut ! Ulterior, verificându-se afirmațiile persoanei respective, se constată unele similitudini între acele afirmații și realitate ! Un alt argument ar fi acela că sunt unii copii care povestesc despre întâmplări și locuri despre care nu aveau de unde să știe altfel decât dacă ar fi mai trăit cândva, în acele locuri și în acele epoci !

Dr. Raymond Moody, referitor la acest subiect, concluziona:

"În cursul cercetărilor mele asupra experiențelor de vieți anterioare, am făcut peste două sute de regresii sub hipnoză cu subiecți foarte motivați. Unii au avut experiențe foarte puternice în care s-au întors în timp pentru a se vedea în mijlocul altor culturi și situații foarte diverse. Alții n-au putut să obțină decât viziuni rapide ale unei alte vieți înainte de a se pomeni din nou în prezent. O proporție foarte mică, aproximativ 10 %, n-a văzut nimic." (Pag. 183)

(Dr. Raymond Moody – „*Călătorie în viețile anterioare*", Editura Z, București, 1997, trad. Nicolae Constantinescu)

În definitiv pot presupune că există un fel de contact telepatic realizat în timp (nu numai în spațiu)... Așadar, pot presupune că există o comunicare temporală preferențială între anumiți indivizi aflați în epoci diferite. Reîncarnarea este numai o iluzie, în realitate fiind vorba de o comunicare temporală preferențială !

• *Vindecările miraculoase*

Sunt diverse cazuri descrise în literatura parapsihologică... Spre exemplu, unii oameni care urmau să moară datorită unor boli fără leac, totuși s-au vindecat, aparent miraculos ! Totuși, mă întreb: ce-ar fi dacă vindecarea s-a produs datorită unor procedee cunoscute de către medicii aflați undeva în viitor și care, într-un anume fel și datorită unor anumite cauze, au reușit să îi vindece pe acei oameni ?

Mă mai pot întreba însă: dacă ar fi așa, de ce sunt totuși rare aceste vindecări miraculoase, din moment ce în principiu ar putea fi un vindecător în viitor care să vindece... mai mulți pacienți din trecut ?... Ei bine un posibil răspuns la întrebare ar fi următorul: nu toți indivizii care suferă de boli grave reușesc să contacteze diverși vindecători din viitor; chiar și în cazul în care se realizează contactarea este de menționat că în absolut orice fel de comunicare temporală și respectiv influență temporală este respectat principiul echivalenței, care exprimat în forma cea mai simplă și mai pe înțelesul tuturor se poate exprima concis astfel – câtă informație sau energie se cedează, tot atât trebuie să se primească – asemănător cu legea conservării energiei; astfel încât, un vindecător din viitor care comunică și influențează pe cineva din trecut, în schimbul informațiilor și a energiei transmise va trebui să primească în schimb alte informații și altă energie echivalentă de la pacient, pentru a nu se produce perturbări temporale... Este ceea ce se și întâmplă de altfel... În schimbul vindecării, bolnavul cedează în schimb ceva – fie informații, fie energie – poate fi vorba chiar de energia... bolii de care suferă... Și mai este de precizat ceva și anume că există o anumită interdependență între cantitatea și calitatea informațiilor și a energiei transferate în cadrul unui contact temporal și intervalul de timp care separă emițătorul de receptorul unui mesaj. S-ar părea că există un raport de inversă proporționalitate între intervalul temporal care separă pe cel ce emite mesajul de cel ce recepționează mesajul și posibilitatea realizării contactului temporal; astfel cu cât crește intervalul temporal care separă pe emițător de receptor cu atât scade intensitatea contactului temporal sau a comunicării temporale; dacă între emițător și receptor există un interval temporal de o mie de ani, comunicarea temporală va fi mai dificilă decât dacă ar exista un interval temporal de o sută de ani – în primul caz, este nevoie de informații mai numeroase sau de energii mai mari decât în al doilea caz; cu toate astea, nu se pot exclude astfel de contacte temporale... Pentru a se produce, ceea ce s-a denumit... "vindecare miraculoasă" – trebuie să se realizeze sincronizarea (adică echivalența dintre informația sau energiea cedată cu informația sau energia primită) dintre videcător și pacient, sincronizare care nu este deloc ușor de realizat...

• *Deja văzut - déja vu*

Acesta reprezintă un sentiment ciudat sau iluzia că... am văzut sau am trăit deja o experiență cu care ne întâlnim pentru prima dată (http://old.intrebare.ro/Deja vu.html).

Cred că este de fapt un contact telepatic în timp, între o persoană din prezent și una din trecut... Altfel spus, să presupunem că cineva pretinde că a mai văzut, spre exemplu, o priveliște, pe care de fapt nu a mai văzut-o... O altă persoană, din trecut, a văzut priveliștea, a fost impresionat și a emis un mesaj în spațiu, dar și în timp... Ulterior, persoana care pretinde că a mai văzut priveliștea, aflându-se întâmplător în acel loc, a recepționat mesajul și ca urmare are impresia că a mai văzut priveliștea... Așadar, nu a făcut altceva decât să recepționeze un mesaj emis de către cineva din trecut...

• *Poltergeist*

Un poltergeist este un fenomen paranormal care constă în evenimente care sunt produse de către o entitate imperceptibilă; de obicei o astfel de manifestare include obiecte neînsuflețite în mișcare sau lucruri aruncate, diverse zgomote (bătăi, lovituri) și, în unele cazuri, atacuri fizice asupra martorilor acestor evenimente, (http://ro.wikipedia.org/wiki/poltergeist)

Cred că acest fenomen denumit poltergeist reprezintă de fapt un transfer de energie realizat în momentele în care are loc o comunicare temporală.

• *Fantomele*

Sub denumirea de „fantome" sunt desemnate de fapt manifestările spiritului sau sufletului unei persoane decedate. (http://ro.wikipedia.org/wiki/paranormal)

Cred că... "fantomele" reprezintă de fapt o modalitate de comunicare temporală, realizată prin... dedublare astrală...

"Dedublarea astrală" (sau călătoria astrală) este un subiect legat de ezoterism și paranormal – *"este o experiență extracorporală obținută fie în starea de veghe, fie prin vise lucide sau prin meditație profundă. Conceptul de dedublare astrală presupune existența unui alt corp, separat de corpul fizic, capabil să călătorească în planuri nefizice ale existenței. De obicei aceste planuri sunt denumite Astral, Etheric sau Spiritual."* (http://ro.Wikipedia.org/wiki/dedublare_astral)

În legătură cu existența acestui „corp", Robert Monroe, notează următoarele:

„Întreaga literatură care tratează problema psihicului uman face dese referiri la al Doilea Corp. Cu mult înaintea apariției Creștinismului și a Bibliei, în țări

ca India, China sau Egipt, existenţa acestui al Doilea Corp era unanim recunoscută. Istoricii însă, au atribuit această idee mitologiei popoarelor respective. Aceeaşi credinţă în existenţa unui al Doilea Corp o regăsim, ceva mai târziu, şi în Biblie (atât în Vechiul cât şi în Noul Testament). (Pag. 39) (Robert Monroe- „*Călătorii extracorporale*", Editura Z, Bucureşti, 1997, trad. Ruxandra Atanasie)

Cred că dedublarea astrală este în definitiv, o modalitate de comunicare temporală, alături de telepatia temporală... Este ceva asemănător poate cu hologramele sau cu imaginile în relief care se obţin actualmente în laboratoarele de optică, spectroscopie şi laseri, numai că sunt mai complexe şi au alt substrat fizic...

• *Arhiva Akashikă sau înregistrările Akashice*

De fapt această "arhivă" înseamnă toate conştiinţele şi percepţiile care au existat, există sau vor exista... Mai exact...

"Înregistrările Akashice (cuvântul akasha – în sanscrită înseamnă „cer", „spaţiu" sau „Aether") este un termen folosit de autorii esoterişti în teosofie (şi Antroposofie) pentru a descrie un compendiu de cunoştinţe mistice codificat în planurile existenţiale non-fizice. Aceste înregistrări conţin toată cunoaşterea întregii existenţe umane cât şi istoria cosmosului." (http://ro.Wikipedia.org/wiki/inregistrarile_akashice)

În treacăt fie spus, există o anumită asemănare între această Arhiva Akashikă şi arhetipuri... După opinia mea, existenţa acestor înregistrări arată că, telepatia temporală (sau comunicarea în timp), există în mod real – fiecare individ poate, în principiu, să comunice în spaţiu şi timp cu orice om care a existat, există sau va exista în lumea asta (şi nu numai), asta ar însemna de fapt... cunoaşterea întregii experienţe omeneşti. Unii oameni se întreabă: dar unde se află Arhiva Akashică ? Ei bine, este foarte posibil ca aceasta să existe în... minţile, în conştientul şi mai ales în subconştientul tuturor oamenilor care au trăit, trăiesc sau care vor trăi în lumea asta ! Arhiva Akashică ar mai putea exista şi în conştiinţele tuturor fiinţelor din acest Univers şi poate... din alte Universuri... Este posibil ca un om cu o personalitate puternică să „intre" în conştiinţele altor oameni din epoci diferite, să vadă cu... ochii lor, să simtă împreună cu ei, să ştie ce ştiu ei ! Ar putea comunica în ultimă instanţă cu orice fiinţă conştientă din Univers şi poate afla orice doreşte... Dar, oricât de puternică ar fi personalitatea omului, chiar şi pentru acel om, comunicarea în timp şi spaţiu nu este deloc simplă, dimpotrivă...

*

Aşadar, sunt anumite indicii care par să arate că există o comunicare şi o influenţă în timp... Pe scurt, aceste indicii sunt următoarele: cunoştinţele străvechi ale civilizaţiilor pierdute; comunicarea şi percepţia extrasenzorială, comunicarea cu spiritele; profeţiile; posedările şi personalităţile multiple; reîncarnarea; vindecările miraculoase; déja vu (deja văzut); poltergeist; fantomele; dedublarea astrală (călătoria astrală); înregistrările Akashice /Arhiva Akashikă...

2.2 CÂTEVA SUGESTII UTILE

> *Perspectiva timpului şi comunicarea*

În general atunci când timpul nu mai este perceput (în diverse situaţii – reverie, relaxare, somn...) poate avea loc comunicarea temporală, care, în general se pare că este... inconştientă... Cu alte cuvinte, comunicarea temporală are loc de cele mai multe ori, la nivelul subconştientului...

> *Despre prevestiri; comunicarea interregn*

Spre exemplu sunt unii oameni care prevestesc tot felul de catastrofe, chiar sfârşitul lumii ! Poate chiar au văzut astfel de catastrofe cu... ochii unor oameni care chiar au fost de faţă la acele catastrofe (altfel spus, au fost de fapt în contact telepatic prin timp – telepatie temporală – cu aceştia şi deci au văzut cu ochii lor şi au simţit ceea ce s-a întâmplat atunci). Astfel de oameni pot spune că... vor avea loc... diverse catastrofe, iar acestea pot fi interpretate ca fiind... prevestiri !...

Este chiar posibil ca unii oameni să fi fost în contact telepatic cu diverse fiinţe aparţinând altor specii sau chiar altui regn (comunicarea interspecie, respectiv comunicare interregn)... Poate au... "comunicat" cu... unele reptile preistorice, sau cu... unele organisme vegetale – să zicem cu... ferigile uriaşe – care existau atunci când aveau loc acele evenimente care au condus la dispariţia dinozaurilor... Pare absurd pentru orice om "cuminte" şi conformist, dar poate că, totuşi, nu este imposibil... În fond toate formele de viaţă pot, în principiu, să comunice într-un fel sau altul, unele cu altele, în spaţiu şi timp... De ce ? Pentru că, în definitiv, toate se pare că provin din... CEVA comun, poate dintr-un organism care a apărut cândva, cu miliarde de ani în urmă şi din care au provenit apoi toate celelalte organisme... Cine ştie ?...

> *Despre influenţa în timp şi comunicarea transdimensională*

Ar mai fi de semnalat două probleme: problema influenţei în timp (orice comunicare poate avea ca rezultat modificarea personalităţii celor care comunică; mai trebuie spus că orice comunicare poate fi însoţită de o transmitere de energie care poate avea diverse urmări) şi problema comunicării transdimensionele sau interdimensionale (s-ar putea să existe şi un fel de comunicare între fiinţele care se găsesc în diferite dimensiuni ale spaţiului sau în diferite Universuri; aceasta este însă o problemă deosebit de dificilă, care aşteaptă să fie rezolvată)...

*

Este comunicarea temporală o necesitate în evoluţia omenirii ? Cred că da, întrucât comunicarea temporală înseamnă de fapt, un flux informaţional din trecut spre prezent, DAR ŞI INVERS, precum şi un flux informaţional din prezent către viitor, DAR ŞI INVERS, ceea ce implică, în ultimă instanţă, SUPRAVIEŢUIREA OMENIRII !

2. 3. CÂTEVA EXEMPLE REFERITOARE LA COMUNICAREA TEMPORALĂ

♦ *Descrierea aproape exactă a scufundării Titanicului*
<< *Povestirea "Epava Titanului sau Inutilitate", scrisă de către americanul Morgan Robertson în anul 1898 în care sunt descrise faptele reale ale scufundării Titanicului, paisprezece ani mai târziu, în 1912. Luna, scufundării, numărul pasagerilor şi al membrilor echipajului, numărul bărcilor de salvare, tonajul vasului, lungimea şi chiar viteza din momentul impactului cu aisbergul sunt aproape identice.* >>

(Citat din cartea *"Coincidenţă sau hazard ? Mic tratat de mare destin"* – Martin Plimmer, Brian King, Editura Nemira, Bucureşti, 2010, trad. Adriana Bădescu, pag. 260-264.)

Mulţi spun că a fost fie o stranie coincidenţă fie, pur şi simplu, o întâmplare... Şi totuşi, dacă nu a fost nici coincidenţă, nici întâmplare ? Atunci ce a fost ? Pot să presupun că ar fi vorba de o... comunicare temporală !...

Dacă Morgan Robertson a reuşit, într-un fel oarecare (rămâne de văzut) să intre în contact telepatic (a fost de fapt o... comunicare temporală) cu CINEVA de la care a aflat amănunte despre scufundarea Titanicului, pe care le-a descris apoi în nuvelă ? Împrejurările în care a avut loc comunicarea temporală nu le pot şti... Pot doar să îmi imaginez: în acele momente de mare tensiune, de stres puternic, în care nava era pe punctul de a se scufunda, cineva, poate însuşi căpitanul navei, poate unul dintre ofiţeri, poate unul dintre pasageri, poate un marinar, ei bine, în acele momente de stres intens, cred că a emis în spaţiu şi timp mesaje de ajutor, multe dintre acestea fiind la nivel subconştient... Poate că acest mesaj a fost recepţionat de către Morgan Robertson, aflat în trecutul evenimentului şi a fost atât de impresionat încât a scris acea povestire, poate fără să-şi dea seama că de fapt a relatat ceva ce se va întâmpla, conform cu mesajul primit; diferenţele care apar între ceea ce s-a întâmplat în realitate şi ceea ce apare în nuvela lui Robertson, se pot datora perturbaţiilor suferite de mesajul transmis în spaţiu şi timp...

Dar Robertson nu a fost singurul care a avut aceastră stranie previziune referitoare la scufundarea Titanicului... Iată de scrie domnul Ernest Meckelburg, în cartea „*Tunelul timpului – Călătorii la marginea eternităţii*" (Editura Lucman, Bucureşti, 1995, trad. George Sânpetrean, pagina 135):

„*Prof. Ian Stevenson – cunoscut prin cercetările sale din domeniul reîncarnării – în legătură cu tragedia prin care a trecut Titanicul, a analizat 19 cazuri de precogniţie, ajungând la nişte concluzii surprinzătoare. Previziunile au fost receptate sub formă de voci, vise şi viziuni ale groazei victimelor ce înotau în apele îngheţate.*"

Aşadar, „previziunile au fost receptate sub formă de voci, vise şi viziuni ", adică tocmai modalităţile prin care au loc, de fapt, şi comunicările temporale...

Previziunile lui Nostradamus

Cred că aceste previziuni (sau cel puţin o parte dintre ele) au fost făcute în cadrul unor contacte temporale realizate între... Nostradamus şi CINEVA din viitorul acestuia...

Iată un fragment (citat din cartea "*Nostradamus – profeţiile complete 2001 – 2105*" – Mario Reading, Editura Litera Internaţional, Bucureşti, 2008, traducere - Raluca Puşdercă, pag. 14, 15):

"*Cutremurător, un foc din centrul pământului*
Va zgudui turnurile Noului Oraş
Mult timp două mari stânci se vor ciocni
Până izvoarele arethusiene vor înroşi iar fluviile."
"*REZUMAT*
În urma atacurilor asupra Turnurilor Gemene din New York (11 septembrie 2001), în care combustibilul de aviaţie este principalul component, a izbucnit un lung război între Creştinătate şi Islam."

Cred că ar fi posibil ca Nostradamus să fi perceput mesajele de disperare transmise în spațiu DAR ȘI ÎN TIMP de către unii dintre cei care se găseau la fața locului. A descris ceea ce a văzut prin... ochii altora, dar aflați undeva în viitor, cu câteva secole după el...

În general cred că unele dintre previziuni sunt de fapt comunicări temporale, iar unii dintre prezicători sunt în ultimă instanță comunicatori temporali foarte sensibili...

♦ *Arhetipurile*

În definitiv, pot să consider că arhetipurile reprezintă modalități de manifestare ale comunicării temporale. Într-adevăr, existența unor forme preexistente, a unor puncte comune sau a unor forme comune de expresie între oamenii din diverse epoci istorice (ceea ce înseamnă de fapt arhetipul), face ca orice comunicare temporală să fie facilitată... Arhetipul reprezintă în ultimă instanță, un element comun, ceva comun pentru diverși oameni răspândiți în timp, care înlesnește comunicarea temporală dintre aceștia... Așadar, existența arhetipurilor, ar putea implica și existența comunicării temporale...

♦ *Cartea lui Enoch*

Cred că cel puțin o parte din această operă a fost scrisă ca urmare a unor comunicări temporale...

Iată un fragment (*"Cartea lui Enoch"* , traducere - Al. Anghel, Editura Herald, București, 2010, pag. 135):

"2. Și toate acestea mi le-a arătat Uriel, îngerul cel sfânt, care este conducătorul lor, mi-a arătat pozițiile lor, și eu am scris pozițiile lor așa cum mi le-a arătat, am scris lunile lor așa cum erau, și înfățișarea luminii lor până la încheierea celor cincisprezece zile."

Uriel, îngerul cel sfânt, cred că era CINEVA (o persoană anumită), aflată undeva, în viitorul lui Enoh, care îi transmitea acestuia, tot felul de informații. Ce urmărea acesa persoană, aflată în viitorul lui Enoh ?

Probabil că era, în ultimă instanță, un experiment temporal, realizat într-unul dintre laboratoarele secrete ale vreunei organizații oarecare...

♦ *Comunicarea cu spiritele morților*

O parte dintre așa-numitele "convorbiri cu spiritele morților", cred că sunt de fapt, comunicări temporale... "Comunicarea" are loc de cele mai multe ori cu "subconștientul" celui care a fost cândva în viață, dar la momentul când se realiza convorbirea era mort... Are loc, în definitiv, o comunicare temporală, între două sau mai multe persoane aflate în două epoci istorice diferite...

♦ *Vindecările miraculoase*

Cred că o parte dintre "vindecările miraculoase" (aşadar acele vindecări care sunt... "inexplicabile") sunt datorate de fapt, unui transferde informaţii realizate între oameni aflaţi undeva, cândva, în anumite epoci istorice... O persoană suferindă, primeşte informaţii care nu erau disponibile în epoca în care se află, de la cineva aflat în viitorul său, care dispunea de acele informaţii...

♦ *Marea Piramidă*

Oricât ar părea de straniu, cred că Marea Piramidă din Egipt a fost construită cu ajutorul... cunoştinţelor tehnice şi ştiinţifice transmise... prin timp de nişte savanţi, situaţi cândva în timp, poate prin anii... 3000 sau 4000, sau poate mai mult şi transmise aşadar altor oameni (poate unor preoţi egipteni)...

Pare naiv ? Pare ciudat ? Pare incredibil ? Poate că nu... Poate că este chiar realitatea însăşi !...

Iată un citat din cartea *"Enigme ale civilizaţiilor pierdute"* (Daniel Schmidt, Editura Prietenii cărţii, Bucureşti, 1996, Pag. 53, 54).

"Într-un fel sau altul, constructorii ei au ştiut că pământul era rotund, dar turtit la cei doi poli. Ştiau, de asemenea, că se rotea în jurul axei proprii – înclinată la 23,5 grade în raport cu orbita descrisă – dând astfel naştere zilei şi nopţii şi că acel grad de înclinare se află la originea anotimpurilor. Cunoşteau faptul că pământul se învârtea în jurul Soarelui în 365 / 366 de zile. Toate aceste date au fost folosite în orientarea şi amplasarea piramidei."

Ei bine, dacă egiptenii dispuneau într-adevăr de aceste cunoştinţe, ar trebui să se răspundă la mai multe întrebări, cum ar fi:

De ce au dispărut acele cunoştinţe ¬? Cum şi unde au dispărut laboratoarele sau atelierele necesare pentru prelucrarea materialelor sau pentru diverse încercări în ceea ce priveşte rezistenţa materialelor, sau unde au dispărut, spre exemplu, maşinile şi schelele utilizate ? Chiar să nu fi rămas nimic ? De ce cunoştinţele respective nu au fost transmise generaţiilor viitoare ?

Opinia mea este că Marea Piramidă a fost concepută de căte CINEVA (poate un grup de savanţi) din VIITOR, având un ANUMIT SCOP.

Modul de construcţie, calculele, procedeele tehnice, etc. au fost transmise într-un anumit mod (prin comunicare temporală), unor indivizi (poate că au fost transmise unor preoţi, deosebit de inteligenţi, poate înzestraţi cu unele capacităţi paranormale deosebite) care au început apoi să construiască Marea Piramidă, folosind desigur toate resursele umane și materiale disponibile la acea vreme...

*

S-ar prea putea ca zeitățile egiptene (ca și alte zeități – grecești, romane, incașe, etc.) să fi fost de fapt... comunicatori temporali aflați cândva, undeva, în viitor, pe această planetă, comunicatori care realizau poate un fel de experiment temporal, care aveau un anumit scop, un scop greu de precizat actualmente...

*

Sunt însă și alte exemple sau indicii referitoare la comunicările temporale – precum și la influențele temporale... Le amintesc numai: societățile secrete – se pare că practicau într-un fel sau altul comunicarea și influențarea temporală; hermetismul și kabbala – conțin unele elemente care se referă într-un fel sau altul la comunicarea temporală; alchimia și vrăjitoria; psihiatria (unii oameni, considerați de către psihiatri ca fiind nebuni, au fost de fapt niște oameni care realizau contacte temporale cu alți oameni din trecut sau din viitor; poate că unii oameni care se comportă... „paradoxal", care au halucinații, care au impresia că... „aud voci", care au tot felul de coșmaruri, pot fi sub influența unui... comunicator temporal, sub influența unui individ aflat undeva, cândva, într-o epocă istorică și care încearcă să comunice ceva, sau poate că... se distrează); ghicitul (cel care ghicește încearcă să afle ceva ce se va petrece cândva; de fapt cel care ghicește încearcă să inițieze o comunicare - conștient sau inconștient de cele mai multe ori - cu cineva din viitor care să-l informeze despre ce se va întâmpla; dar nu întotdeauna reușește să intre în contact cu o persoană aflată în viitorul său)...

2.4. TIPURI DE COMUNICĂRI TEMPORALE

Se poate vorbi, în principiu de două tipuri de comunicări temporale: comunicări temporale cu sine însuși și comunicări temporale cu alții... (Asemănător se mai poate vorbi și despre influențe temporale asupra sinelui și respectiv influențe temporale asupra altora).

→ *Comunicarea temporală cu sine însuși*

Am întâlnit oameni care spuneau că dacă ar putea să trăiască încă odată, nu ar mai face aceleași greșeli, ar ști ce să facă și cum să facă să își atingă idealul... La un moment dat, m-am gândit că, în definitiv, acei oameni ar putea să își realizeze idealul, dacă... ar putea să comunice cu ei înșiși... în trecut... Să încerce să se întoarcă în trecut, să își amintească unele momente, fericite sau nefericite, din copilăria lor... Să retrăiască acele momente cu maximă intensitate... Și apoi să își trimită înapoi, prin timp, idei, dorințe, comenzi mentale... Să repete aceasta cu perseverență... Și apoi, să comunice cu sine însuși, la diferite vârste – la zece ani, cincisprezece ani, douăzeci de ani... Să încerce să își imagineze cum s-ar putea schimba el, dacă ar fi făcut ALTCEVA... Și atunci POATE CĂ viitorul se va schimba ! Se va produce la un moment dat o schimbare a sa, va arăta altfel, poate... Și la fel și o parte din lumea în care trăiește se va schimba... La prima vedere, comunicarea cu sine însuși (în trecut dar și în viitor), poate părea că este ceva tulburător, incredibil, imposibil... Și totuși poate că nu este așa ! Prin urmare, există o primă posibilitate: comunicarea cu sine însuși în trecut. Acum, când ai să zicem patruzeci de ani, te gândești la tine însuți, încerci să îți aduci aminte cum erai la douăzeci de ani... Și te mai gândești că... ar fi fost foarte bine dacă atunci ai fi învățat o limbă străină... Limba engleză să zicem... Și te gândești azi, te gândești mâine, te gândești mereu, timp de o lună de zile... Ai comunicat, de fapt cu tine însuți, în trecut... Și deodată, te trezești că... ști limba engleză și poate constați că ceva din lumea asta apropiată ție s-a schimbat... Cu toate astea este destul de dificil să constați că s-a schimbat ceva... Nu îți vei mai aminti că tu, de fapt, nu știai limba engleză ! Trebuie să fi foarte sensibil pentru a-ți mai aduce aminte... DE CE ? Pentru că aparții de fapt altei lumi... Cealaltă lume, lumea în care... erai tu, cel care nu știai limba engleză, este o altă lume ! O altă lume s-a creat, prin comunicarea și influența în timp... Este un miracol ? Este imposibil ? Totuși, poate că nu ! Evident că este aproape imposibil să accepți o astfel de idee... Și este poate normal să fie așa pentru cei care sunt conformiști și gândesc conform unor scheme prestabilite... Este însă problema lor. Cu toate astea, adevărul este mult mai straniu decât ne putem imagina !

Altă posibilitate: comunicarea cu sine însuși în viitor... De data aceasta s-ar părea că este de fapt o condiționare... Sau o autosugestie... De fapt nu este... Este o comunicare temporală și atât. Un exemplu... Să presupunem că cineva care are treizeci de ani, își dorește ca peste zece ani să facă o excursie în Egipt și să viziteze Muzeul din Cairo și Piramidele. Își transmite acest mesaj azi, mâine, mereu, timp de o lună de zile... Apoi, peste zece ani, iată că, împins parcă de un ordin, lasă orice activitate și pleacă în Egipt... A fost o comunicare în viitor, o autosugestie, o condiționare ? Înclin să cred că a fost o...

comunicare temporală...

→ *Comunicarea temporală cu alţii*

În acest caz situaţia devine foarte complicată. Sunt următoarele situaţii:

• Comunicarea unui om (sau a unui grup de oameni) din prezent cu altcineva situat în trecutul său...

• Comunicarea unui om (sau a unui grup de oameni) din prezent cu altcineva situat în viitorul său...

• Comunicarea unui om (sau a unui grup de oameni) din trecut cu altcineva din viitor SAU comunicarea cuiva din viitor cu altcineva din trecut...

• În general, poate exista şi comunicarea complexă, din prezent în trecut şi din prezent în viitor sau din trecut în alt trecut şi din viitor în alt viitor...

În orice comunicare însă trebuie să se ţină seama de mai mulţi factori... Unul dintre aceşti factori este bineînţeles, factorul lingvistic, în cazul când se transmite un mesaj de această natură – adică un mesaj într-un anumit limbaj (pot fi şi mesaje vizuale, auditive, tactile, olfactive, etc.)... Cu cât ne îndepărtăm în timp, limbajul devine din ce în ce mai neinteligibil, aşa încât, tot ce se poate spune acum este că se pot transmite în timp, gânduri sau imagini cu precădere, atunci când există o comunicare temporală efectuată la intervale de timp mai mari... Sunt unii care se întreabă de ce există atâtea desene pe pereţii unor peşteri sau pe pereţii unor edificii antice care par stranii – fiindcă cei care au realizat acele desene au recepţionat cu precădere imagini de la cineva din viitor pe care apoi le-au reprezentat pe pereţii peşterilor, sau eventual au realizat diverse sculpturi sau alte obiecte care par stranii...

Este suficient să ne referim ca exemplificare la aşa-numitele fresce de la Tasili, sau la diverse obiecte antice care par a fi nişte reprezentări ale unor avioane...

→ *Influenţa temporală*

Poate fi, în general de două feluri:

• Influenţă informaţională – se realizează în principal prin telepatie în timp (numită şi telepatie temporală sau cronotelepatie) sau prin clarviziune temporală, altfel spus, un individ poate comunica în timp cu alt individ şi îi poate transmite informaţii diverse care îl pot influenţa într-un fel sau altul; influenţa poate fi reciprocă (atât cel ce emite cât şi cel ce recepţionează informaţiile pot fi influenţaţi într-un fel oarecare).

• Influența dinamică – se realizează prin telekinezie (telekinezia fiind influența mentalului, a psihicului asupra obiectelor), prin dedublare, prin materializare, ori prin emisie de energie.

2.5. DESPRE CONDIȚIILE REALIZĂRII UNEI COMUNICĂRI TEMPORALE

Comunicările temporale pot fi spontane (atunci când au loc brusc, fără o pregătire prealabilă) sau stimulate (atunci când au loc după o anumită pregătire, mai mult sau mai puțin îndelungată). Sunt anumite împrejurări care facilitează apariția comunicării temporale. Aceste împrejurări sunt următoarele:

- existența unei mai mari compatibilități între cei care comunică (adică anumite asemănări între personalitățile lor, între conștiințele lor);

- existența unei baze de comunicare (limbaj comun, imagini comune, cunoștințe asemănătoare, intuiții comune, o empatie deosebită, etc.);

- existența unui interes de a comunica ceva anume; asociat interesului, este de subliniat, voința de a realiza contactul, precum și convingerea în reușita comunicării temporale...

Există și alte condiții impuse realizării comunicării temporale, însă este de reținut că dacă o comunicare nu are ca efect o influență sau o modificare a anumitor lucruri dintr-o anumită epocă istorică, atunci acea comunicare se poate realiza mai ușor și nu implică un risc major... Uneori, comunicările temporale pot lua forma unor vise deosebite și chiar se pot confunda cu acestea... Alteori, pentru a se realiza contacte temporale (mai cu seamă acelea care se desfășoară luând în considerare intervalele mari de timp), sunt necesare dispozitive sau construcții speciale... Este bine de subliniat că există UN PROTOCOL AL COMUNICĂRII ÎN TIMP, bazat pe principiul echivalenței, care poate fi formulat cel mai simplu astfel: „atât cât dai, tot atât ți se va da", cu alte cuvinte, în cadrul unei comunicări temporale atunci când soliciți o anumită informație de la cineva, concomitent trebuie să îi oferi acestuia, o altă informație echivalentă (sau în locul informației echivalente, trebuie să îi transmiți o cantitate de energie), altfel comunicarea fie că nu va avea loc, fie că (în cel mai bun caz) va fi perturbată într-o măsură apreciabilă (ceea ce înseamnă că acea comunicare va fi inutilă)... Cred că multe vestigii, documente, informaţii, desene care sunt considerate acum ca fiind mistere, aşa – zise realizări sau intuiţii ale oamenilor din vechime, sunt de fapt rezultate în urma unor comunicări temporale care s-au efectuat în decursul timpului... Oamenii din vechime au transmis diverse informaţii privind realitatea de atunci şi au primit în schimb informaţii – mai mult sau mai puţin distorsionate – privind realităţile din viitorul lor...

2.6. COMUNICAREA SPAŢIALĂ ŞI COMUNICAREA TEMPORALĂ (SCHEMĂ)

Oricine poate înţelege ce este o comunicare spaţială, aceasta este evidentă (oricine vorbeşte şi ascultă, citeşte, etc.)... Altfel stau lucrurile atunci când se pune problema comunicării temporale... Cel mult se poate înţelege că cineva din prezent (care devine trecut, încetul cu încetul) îi poate transmite un mesaj altui om aflat în viitorul său (peste o sută de ani, spre exemplu). Acesta, poate sau nu să primească mesajul (pentru că acest mesaj se poate distruge), dar în mod cert, nu îi va mai răspunde celui care a emis mesajul !... Aceasta o poate înţelege oricine... Dar, ce-ar fi dacă s-ar putea transmite mesaje, în trecut sau în viitor ? Ce-ar fi dacă ar exista... comunicarea în... trecut sau în viitor ? Desigur, unii ar respinge din start o astfel de ipoteză – în fond este o formă de protecţie pentru aceşti oameni, pentru că o comunicare temporală implică nişte riscuri, uneori chiar foarte mari, şi o formă de a scăpa de aceste riscuri este tocmai negaţia – nu există comunicarea temporală !

Şi gata, ai scăpat de riscuri ! Numai că această atitudine nu este proprie unor oameni curajoşi, este proprie numai unor oameni timizi, unor sceptici jalnici sau unor critici agresivi... Dar, cred că vor fi şi alţi oameni care vor considera că poate exista o astfel de comunicare şi vor cerceta această ipoteză cu bunăvoinţă şi în măsura posibilităţilor lor... Aceşti oameni dau dovadă de îndrăzneală şi de dorinţă de cunoaştere, ceea ce le face cinste... Pentru a înţelege, am considerat util să prezint în figura 2.1, o comparaţie între comunicarea spaţială şi comunicarea temporală – sper că astfel se poate înţelege mai bine ceea ce am vrut să spun atunci când m-am referit la comunicarea temporală...

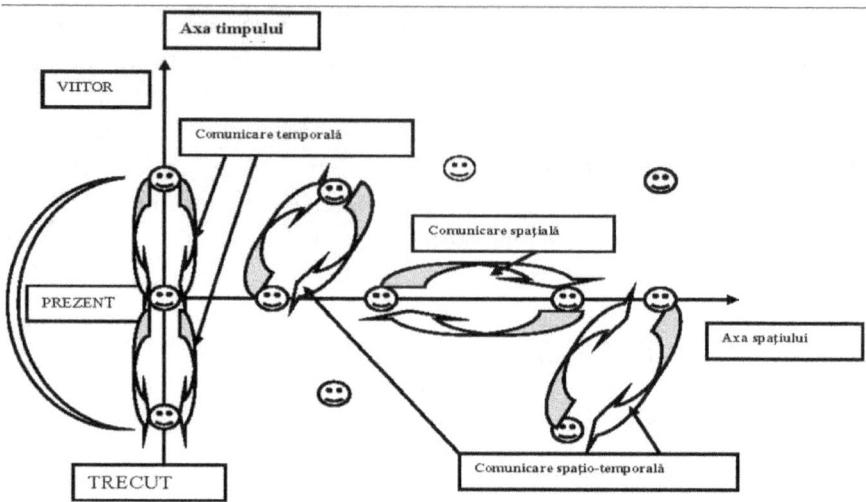

Figura 2. 1 Comunicarea temporală, spațială și spațio-temporală

Se poate spune că orice om care comunică (spațial sau temporal), trăiește într-o anumită lume proprie. Din această lume proprie, transmite și primește mesaje altui om (sau altei ființe), mesaje care îl pot influența într-un fel oarecare, astfel încât pot să-i modifice, mai mult sau mai puțin lumea în care trăiește... (Figurile 2. 2 a și b)

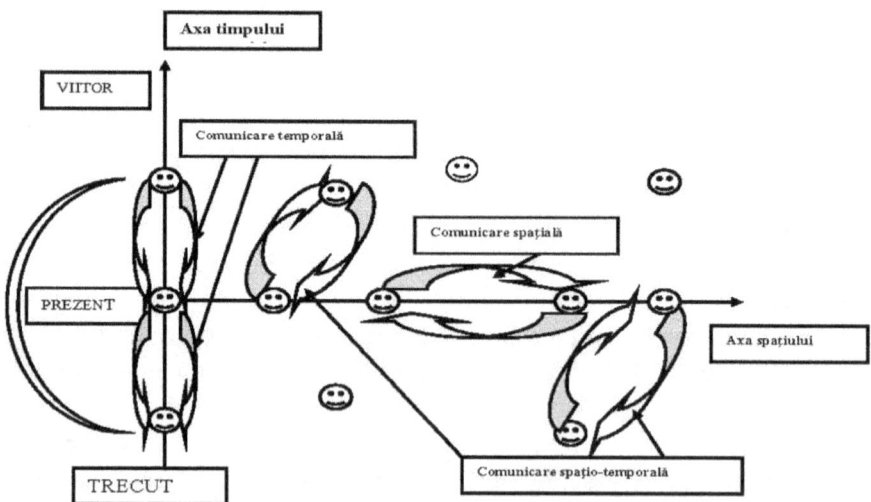

Figura 2. 2. a Lumea spațio-temporală a unui om

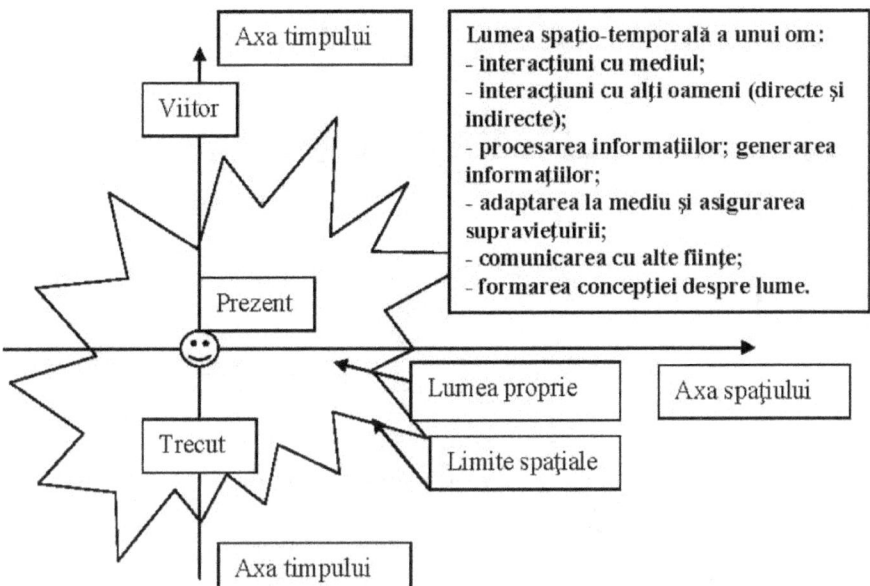

Figura 2. 2. b. Lumea proprie modificată datorită influenței unui mesaj emis sau receptat

2.7 COMUNICAREA TEMPORALĂ (EXEMPLU)

Dacă îmi pun problema existenței unui UNIVERS CU CINCI DIMENSIUNI, acesta poate conține nenumărate UNIVERSURI CU PATRU DIMENSIUNI... Ca urmare, poate exista și următoarea posibilitate. Fie situația în care un individ va iniția un contact temporal cu un alt individ din trecutul său (acum 1000 de ani) și apoi va iniția un contact temporal cu altcineva din viitorul său (peste 1000 de ani).

Într-un UNIVERS CU CINCI DIMENSIUNI, vor exista două sau chiar mai multe UNIVERSURI CU PATRU DIMENSIUNI... Într-un UNIVERS CU PATRU DIMENSIUNI, un individ poate fi situat într-un anumit prezent, alt individ poate fi situat în trecutul său cu o mie de ani, iar alt individ poate fi situat în viitorul său cu o mie de ani, DAR în alt UNIVERS CU PATRU DIMENSIUNI, individul care era situat în trecut poate exista în prezent, în ACEL UNIVERS CU PATRU DIMENSIUNI ! Așa încât o comunicare se poate desfășura ÎN PREZENT, dar în UNIVERSURI DIFERITE ! (Figura 2. 3. sugerează acest aspect.).

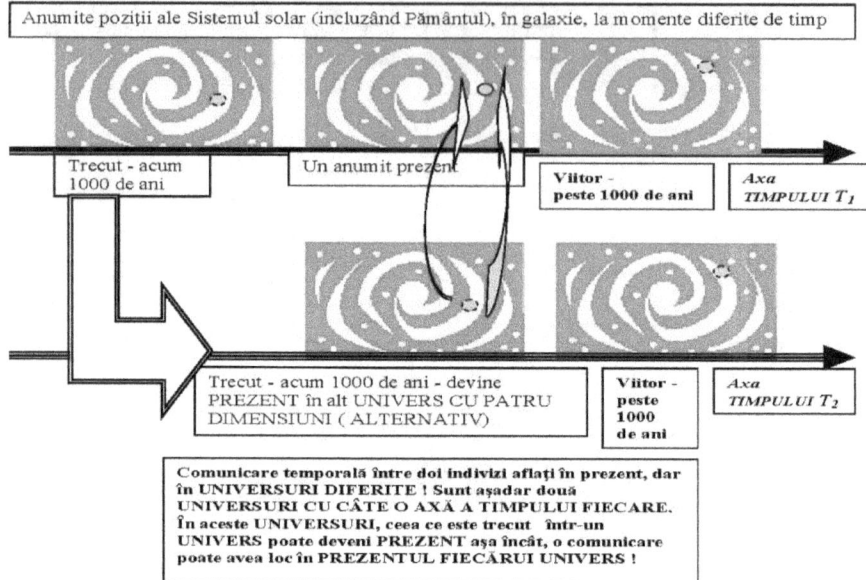

Figura 2. 3 O comunicare între două persoane aparținând unor LUMI POSIBILE diferite

2.8. PIRAMIDA – O "MAȘINĂ" DE COMUNICAT / CĂLĂTORIT ÎN TIMP ?

Aș dori să consemnez câteva fragmente dintr-o carte veche, care mi s-au părut mai interesante, și anume din cartea,"Originile și evoluția spiritului științific", (autorul fiind Al. I. Alexandrescu), apărută în București, tipărită la Imprimeria de Artă Richard Sergies, Calea Griviței, nr. 41, în anul 1927; îmi permit să fac și unele comentarii succinte.

"Va veni ziua – spune cu o intuițiune genială Roger Bacon – cînd se vor fabrica instrumente pentru navigat fără ajutorul vîslașilor; trăsuri cari vor merge cu o viteză de neînchipuit fără animale înhămate; instrumente de zburat în care se va așeza omul și numai atingînd un resort, va pune în mișcare aripi artificiale cari vor lovi aerul ca și aripile pasărilor; - aparate pentru a umbla în fundul mărilor și a fluviilor fără nici o primejdie."

(Pagina 38 - se specifică și sursa informației, și anume: *"Roger Bacon – De mirabilis artis naturae"*, apud. E. Charles:" Roger Bacon, sa vie, ses ouvrages, ses doctrines").

Să mai adaug că... *"În fața lui Roger Bacon, secolul său (al XIII – lea) este un secol de barbarie. El credea că are în lume o mare misiune de îndeplinit."*

Roger Bacon a trăit între anii 1214 – 1292 (?)...

Mă întreb: DE UNDE ȘTIA ROGER BACON DE... ACESTE INVENȚII ȘI DESCOPERIRI, ATUNCI, ÎN SECOLUL AL XIII – LEA ? DE CE ACUM NU MAI ESTE CINEVA CARE SĂ FACĂ PROFEȚII LA FEL DE REMARCABILE CA ALE LUI ROGER BACON ?

Mi se pare că este vorba de... un transfer de informații din viitor în trecut... Cineva din viitor i-a comunicat lui Bacon o serie de informații pe care acesta le-a consemnat... Oricât de vizionar ar fi putut fi cineva din trecut, (din urmă cu atâtea secole), este oricum uimitor cum ar fi putut ști, spre exemplu, de... " *aparate pentru a umbla în fundul mărilor și a fluviilor fără nici o primejdie...*"

În continuare, iată alt citat...

"*Sir John Fr. William Herschel (1792 – 1871) este cel dintîi care a studiat piramida lui Kheops, apoi Piazzi – Smith. După lucrările acestuia din urmă, monumentul ocupă o suprafață de cinci hectare, are drept bază un patrat de 232,805 m de fiecare lătură și cîntărește 6.000.000 tone. Construcția ei a durat douăzeci de ani, iar a șoselei pentru transportul blocurilor de piatră întrebuințate în construcție, cinci ani. Echipe de cîte 100.000 lucrători se schimbau din trei în trei luni, și numai pentru procurarea cepei și usturoiului cu care se hrăneau robii celei mai uriașe corvezi, s-a cheltuit 16.000 talanți, o sumă colosală pentru acea vreme.*"

(Citatul este preluat de autor din Herodot. Paris Garnier Tome I, II.pag. 206, 207), iar în carte textul se gasește la pagina 83).

Autorul scrie mai departe, citându-l pe Diodore de Sicile, Bibliotheque historique, Paris Hachette Tome I. Livre III. XII, pag.195:

"*Astfel de lucrări nu s-au putut înfăptui decît în țara unui despot ca Kheops, care se credea o divinitate; în care preoții erau atotputernici, și unde orice inițiativă era privită ca o crimă; în care proletarii și robii munceau goi zi și noapte, supravegheați de soldați și nu era cruțat nici infirmul, nici soldatul, nici bătrînul slăbănog, nici femeia bolnavă și cari cu lovituri de biciu repetate pînă la moarte erau siliți să lucreze.*" (Pagina 84)

Și totuși, mă întreb: cine a avut ideea de a construi piramida ? De ce tocmai acolo ? De ce de dimensiunile acestea ? Ce scop a avut ? Cum au putut fi coordonați atâția lucrători ? Nu cred că mâncând numai ceapă și usturoi lucrătorii puteau face față efortului... Așadar cum erau satisfăcute... necesitățile biologice ? Chiar înșiși soldații care îi păzeau trebuiau să fie destul de numeroși pentru a putea supraveghea atâția lucrători... Apoi... cum se asigura sănătatea lucrătorilor, ori cum era realizată protecția sanitară ? Cu siguranță că în mulțimea aceea de oameni, putea izbucni oricând o epidemie... Apoi, mai este de subliniat că, în acele timpuri, probabilitatea de a izbucni războaie care ar fi întrerupt lucrul parțial sau poate definitiv, era destul de mare... Cu toate acestea, nu au fost consemnate, ceea ce pare destul de ciudat...

Pe de altă parte, este de presupus că au avut loc tot felul de accidente mortale în timpul lucrărilor, iar întrebarea este: ce s-a întâmplat cu cadavrele respective ? Nu există nici o urmă, nici un schelet, nici o mumie la locul sau în împrejurimile construcției... Este ca și cum acolo ar fi lucrat niște... roboți ! Probabil că cineva a luat cadavrele și le-a transportat undeva, departe, în loc să fi amenajat un fel de cimitir în apropiere... Cadavrele au fost... incinerate ? A fost așa sau altfel ?...

Și mai este ceva... Cu siguranță că înainte de a se apuca să construiască acest edificiu extraordinar, CINEVA a trebuit să facă: măsurători de teren diverse, diferite planuri și proiecte ale acestui edificiu. De fapt, CINE A FĂCUT ACESTE PLANURI ȘI PROIECTE ? CUM LE-A FĂCUT ? ÎN CE SCOP LE-A FĂCUT ? Cel care a elaborat proiectul contrucției piramidei, trebuia să aibe în vedere următoarele componente principale:

- Componenta geografică (referitor la amplasarea edificiului - de ce tocmai acolo ?), trebuia așadar să descopere zona și apoi să execute măsurători foarte precise în zonă.

- Componenta tehnică – trebuia să aleagă figura geometrică a edificiului (de ce tocmai piramidă ?). Apoi trebuia să dimensioneze figura geometrică (de ce tocmai acele dimensiuni și nu altele ?). Apoi trebuia să structureze edificiul, apoi să aleagă materialele potrivite, să facă măsurători privind rezistența materialelor, transportul acestora, și așa mai departe...

- Componenta socială - trebuia să aleagă lucrătorii, să le asigure nu minim de trai (hrană, adăpost, securitate în fața unor posibile atacuri ale unor posibili dușmani, să asigure de asemenea asistența sanitară – în definitiv puteau să apară tot felul de epidemii, mai cu seamă în situația prezenței unei mari mulțimi de oameni, probabilitatea izbucnirii unor focare de infecție cred că era destul de mare).

Trebuia de asemenea asigurată coordonarea acelei mulțimi de oameni și supravegherea acestora, deci trebuia asigurată o anumită formă de comunicare și de transmitere a informațiilor pentru a se asigura coordonarea acelei mase de lucrători – cum s-a făcut acea coordonare ?... Iată câteva aspecte la care ar fi interesant să se răspundă – desigur că răspunsurile ar trebui să fie cât de cât verosimile, altfel, rămân în stadiul de răspunsuri, dacă nu ridicole, atunci stupide...

Referitor acum la piramida propriu-zisă, iată ce scrie autorul...

" a) Orientarea piramidei. Pe când orientarea celorlalte piramide este rea sau cel mult aproximativă, orientarea piramidei lui Kheops este aproape precisă, cu o ușoară deviație de 4' 35. În adevăr, ea este așezată exact la cele patru puncte cardinale, și are în fața ușei de intrare steaua polară, condiție pe care n-o îndeplinesc cu preciziune nici monumentele moderne. " (Figura 2.4)

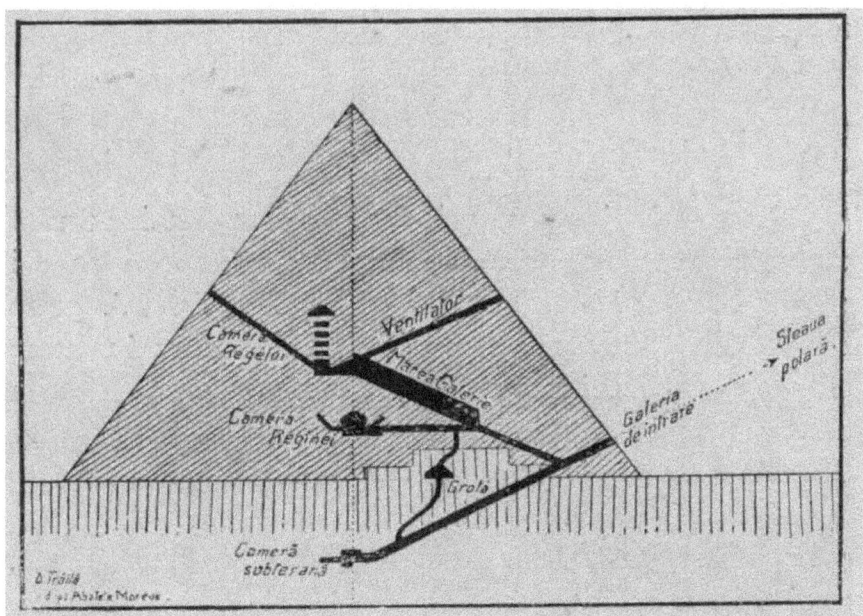

Figura 2.4. (După Abbé Th. Moreux. La science mistérieuse des Pharaons. Paris. 1925. G. Doin, pag. 11.) – pagina 84 din cartea precizată.

"b) Meridianul Piramidei. Învățații cari au întovărășit expediția lui Napoleon Bonaparte în Egipt, luînd piramida lui Kheops ca punct de plecare al unui meridian local central, care le-a servit ca origine a longitudinilor în aceste locuri, au observat că diagonalele prelungite ale piramidei cuprind exact delta Nilului, iar meridianul, adică linia nord-sud care trece prin vîrful ei împarte delta în două sectoare egale." (Figura 2.5.)

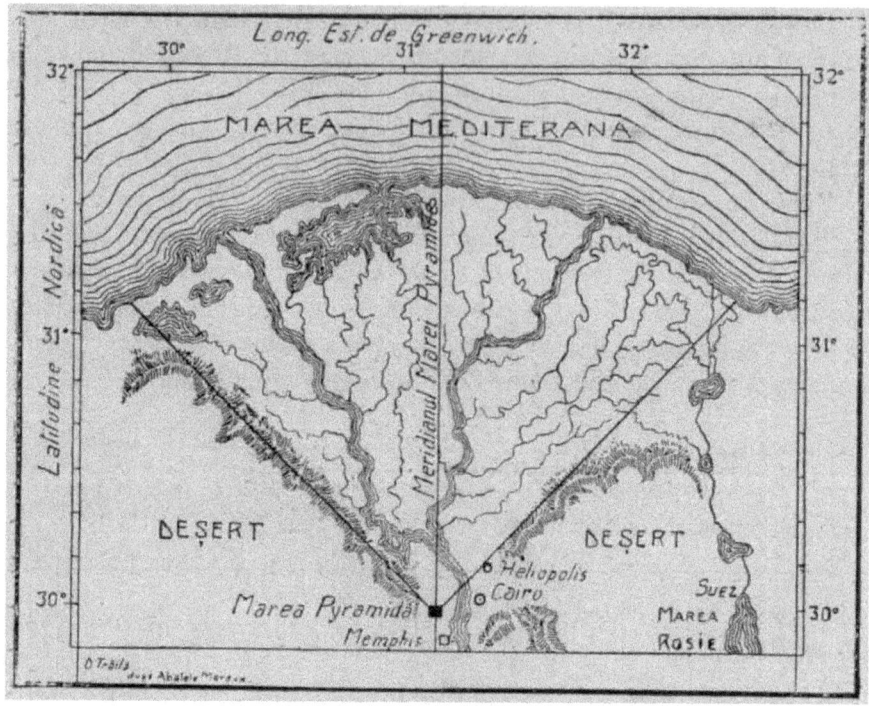

Figura 2.5 (După Abbé Th. Moreux. La science mistérieuse des Pharaons. Paris. 1925. G. Doin, pag. 17.) – pagina 85 din cartea precizată.

„*Abatele Th. Moreux, observă că acest meridian iar nu acel al Parisului sau al Greenwichului este meridianul ideal, căci străbate mai multe continente și mai puține mări, și împarte pămînturile locuibile în două părți exacte.*" (Pag. 84, 85).

Sunt și alte aspecte semnalate de autor, cum ar fi:

- "*... proporțiile stabilite între latura bazei și înălțimea ei erau așa fel calculate încît patratul construit pe înălțimea verticală era absolut egală fiecării din fețele triunghiulare*" (pag. 86); valoarea lui π – " *dacă adunăm cele patru laturi ale piramidei și împărțim acest număr prin de două ori înălțimea ei, găsim: 3, 1416, adică raportul circumferinței la diametru sau valoarea lui π : [(232,805 metri × 4) / (148,208 metri × 2) = 3,1416]*" (pag. 86);

- "*măsurarea distanței de la Pământ la Soare – ... Dacă înmulțim înălțimea piramidei: 148,208 m cu 1.000.000, găsim: 148.000.000 km, distanța de la Pământ la Soare, cu o anumită diferență față de ultima cifră stabilită de știință – adică după anul 1900, respectiv distanța era de 149.400.000 km...*" (pag. 86);

- "*cotul sacru piramidal* – "*... autorii piramidei s-au servit de o unitate de lungime precisă și invariabilă bazată pe valoarea razei polare a Pământului, unitate care este cotul sacru piramidal și care reprezintă exact a zecea milioana parte din raza polară a Pământului...*" (pag. 87).

Întrebarea pe care mi-o pun este: CINE POSEDA ASTFEL DE CUNOȘTINȚE ? Sau, altfel spus: CUM AU OBȚINUT ASTFEL DE CUNOȘTINȚE PREOȚII EGIPTENI ?

Iată ce scrie autorul (pagina 74):

" *Bailly (Jean Silvain) (1736 – 1793) pretinde că popoarele orientului n-au nici un merit în creațiunea științelor, iar cunoștințele acestor vechi popoare, ca Egiptenii, Chaldeeni, n-ar alcătui adevărate științe ci numai frînturi ale unor științe vechi, ajunse la o mare perfecțiune, create de un popor primitiv care ar fi locuit centrul Asiei și despre care Bailly nu ne poate spune cum a dispărut.*

[Bailly dezvoltă aceste idei în: "Histoire de l'Astronomie", 5 vol. (1775-1787); "Lettres sur l'origine des sciences"; "Lettres sur l'Atlantide".]

Hipoteza lui Bailly este reînvierea legendei Atlantidei lui Platon, insulă uriașă, cu o civilizațe strălucită, și despre care filosoful grec în dialogurile sale: "Critias" și "Timeu", spune că în urma unor cutremure de pământ și inundațiuni a dispărut în valurile Oceanului. Astronomul Delambre (1749 – 1822) în "Histoire de l'Astronomie ancienne" (1820), a răsturnat hipoteza fantastică a lui Bailly, care e condamnată să rămână în domeniul fabulei."

În treacăt fie spus, habar nu avea onorabilul Delambre, cât de mult se înșela în această privință; Bailly, în schimb, avea dreptate într-o anumită măsură...

În continuare, autorul redă succint legenda Atlantidei (la pag. 74 și 75, iar citatul autorului este din "Platon Oeuvres completès". Edition Emile Saisset. Paris Charpentier. Tomme VI. "Timé ", pag. 174-175).

<< *Platon în "Timeu", spune despre Atlantida următoarele cuvinte puse în gura bătrînului Critias, care le-ar fi știind de la Solon: "Cărțile noastre ne povestesc cum Athena a nimicit o puternică armată, care plecată de la Oceanul Atlantic a năvălit cu nerușinare și în Europa și în Asia. Căci pe atunci se putea străbate acest Ocean. În adevăr, în el se afla o insulă, așezată în fața strîmtoarei pe care în limba voastră o numiți coloanele lui Hercule. Această insulă era mai mare ca Libya și Asia împreună; navigatorii treceau de acolo pe celelalte insule și de pe care pe continentul care țărmurește această mare, vrednică de acest nume. Căci, tot ceea ce este dincoace de strîmtoarea de care am vorbit, seamănă cu un port a cărui intrare este strîmtă, pe cînd restul este o adevărată mare, după cum pământul care o înconjură poate fi numit drept un continent. Deci, în acestă insulă, Atlantida, cîțiva regi au întemeiat o putere mare și minunată, care-și*

întindea stăpînirea asupra întregii insule, asupra mai multor alte insule, şi asupra mai multor părţi ale continentului. Mai mult, în părţile noastre, dincoace de strîmtoare, ei erau stăpînii Libyei pînă în Egipt şi ai Europei pînă la Tyrrhenia. Această putere mare, înstrunindu-şi toate puterile, şi-a pus în gînd într-o zi să aducă în robie ţara noastră, a voastră şi toate popoarele aşezate de partea aceasta a strâmtorii. În aceste ocazii, o Solon, cetatea voastră, a arătat lumii întregi curajul şi puterea sa. Ea întrecea pe toate popoarele vecine prin mărinimia şi prin dibăcia sa în artele războiului; ...a înfruntat cele mai mari primejdii, a biruit pe năvălitori, a ridicat trofee, a scăpat de robie popoare cari nu erau încă robite, şi altora, situate ca şi noi, dincoace de coloanele lui Hercule, le-a dat la toate liberatatea. Dar în urmă, avură loc mari cutremure de pămînt, inundaţii, şi într-o singură zi şi într-o singură noapte fatală, insula Atlantida dispăru în valurile mării, şi pentru aceasta nici astăzi nu se poate străbate şi explora această mare, căci navigaţia găseşte o piedică de nepătruns în cantitatea de mîl depus de insulă cînd s-a înecat." >>

Aşadar aceasta a fost povestea Atlantidei... Ce legătură însă ar putea exista între povestea Atlantidei şi piramida lui... Kheops, rămâne de văzut...

Referitor la piramida lui Kheops, autorul, la pagina 88, mai scrie:

"Ce poate fi atunci acest monument la a cărui construcţie s-a ţinut seamă riguros de cunoştinţele ştiinţifice ale acelor vremuri, cunoştinţe, după cît se vede foarte înaintate ? Hipoteza cea mai probabilă ar fi, că preoţii egipteni, aceşti savanţi oculţi ai lumii vechi şi ai timpurilor protoistorice, prin construcţia acestui monument cu proporţiuni fantastice, de o preciziune ştiinţifică admirabilă, de o tehnică atît de desăvîrşită încît între blocurile de peatră suprapuse nu poate intra nici muchea unui cuţit, de o trăinicie care sfidează veacurile şi în care totul ne apare ca o enigmă, au voit să sintetizeze întreaga ştiinţă a timpului lor."

Cinstit să fiu, nu cred că aceasta este... "hipoteza cea mai probabilă"...

Este o ipoteză dezamăgitoare... De fapt marea întrebare care ar trebui să se pună, este: de ce nu s-au mai construit şi alte piramide care să aibe aceleaşi caracteristici ca şi aceasta ?

Nici măcar faraonul Ramses cel Mare, nu a îndrăznit să repete performanţa faraonului Kheops... De ce ?...

*

Iată o idee care poate fi luată în considerare... În figura 2.6 este schiţată această idee.

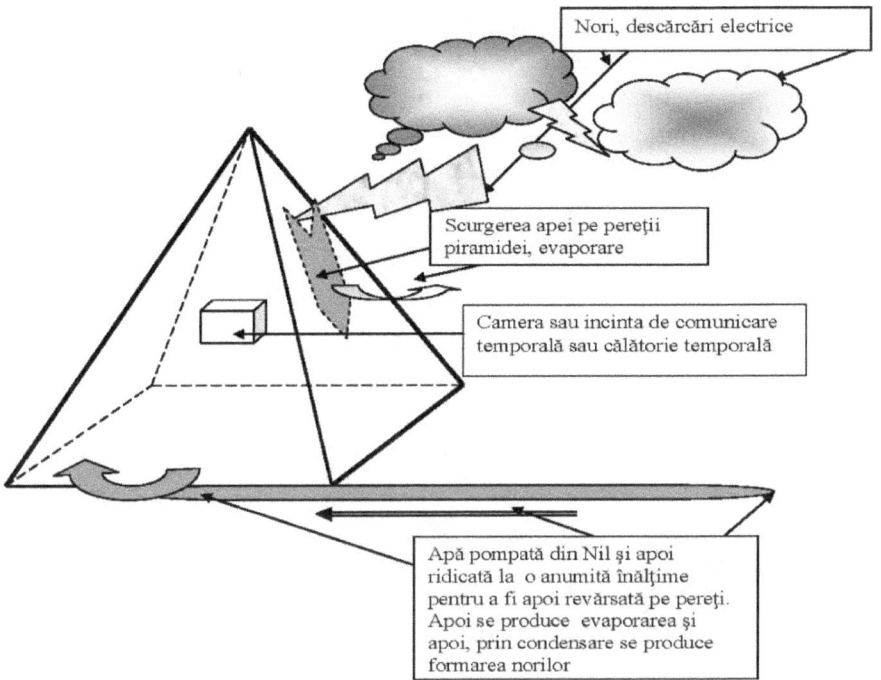

Nori, descărcări electrice

Scurgerea apei pe pereții piramidei, evaporare

Camera sau incinta de comunicare temporală sau călătorie temporală

Apă pompată din Nil și apoi ridicată la o anumită înălțime pentru a fi apoi revărsată pe pereți. Apoi se produce evaporarea și apoi, prin condensare se produce formarea norilor

Figura 2.6 Marea Piramidă - o mașină de comunicat sau de călătorit în timp ?

Iată în ce constă această idee:

- Poziția piramidei favorizează focalizarea energiilor cosmice.

- Inițial Marea Piramidă se pare că a avut și instalații de pompare a apei din Nil; apa era apoi adusă printr-un sistem de conducte la o anumită înălțime și apoi era revărsată pe pereții exteriori ai piramidei; apa se evapora apoi - evaporarea fiind accelerată de vârful piramidei care era alcătuită din folii de aur (focaliza razele soarelui); vaporii de apă se condensau apoi și astfel se formau nori; ulterior aveau loc descărcări electrice, se genera, altfel spus, un câmp electric.

- Acest câmp electric, astfel format, favoriza declanșarea unor distorsiuni în câmpul gravitațional local.

- Distorsiunile gravitaționale împreună cu energiile cosmice focalizate favorizau deschiderea unor canale de comunicare temporală.

- În interiorul piramidei era amplasată o incintă, în care comunicatorul temporal sau călătorul temporal (care era de fapt un... mare preot, faraonul sau inițiatul) se așeza și își inducea apoi o stare caracteristică, o stare de profundă detașare; apoi, în această stare, avea de ales: fie că iniția contactul temporal încercând să "intre" apoi în psihicul unui individ oarecare, fie că se dedubla și încerca să străbată apoi timpul "mergând" pe linia temporală "prezent - viitor-trecut"...

Este de subliniat că, după cum se pare, prin inducerea câmpului electric se favoriza sau se ușura intrarea în contact temporal sau dedublarea și călătoria în timp a așa-numitului "dublu eteric"...

În figura 2.7. se prezintă schematic această situație...

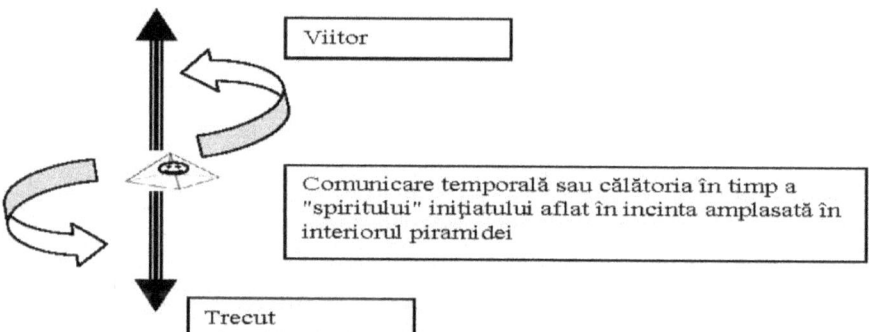

Figura 2.7. O posibilă modalitate de a comunica sau de a călători în timp...

Așadar s-ar fi putut ca Marea Piramidă să fie un fel de instalație sau un fel de antenă utilizată pentru a comunicarea sau călătoria temporală de lungă durată (între emițător și receptor se pare că exista un interval temporal foarte mare – poate mii de ani). Inițial, înainte de construcția Marii Piramide se puteau realiza contacte temporale, numai că acestea erau sporadice, scurte și distorsionate, iar obiectivul acestei construcții magnifice a fost tocmai de a se permite o comunicare temporală mai îndelungată și mai sigură...

Este o ipoteză neconvențională, recunosc, dar, în fond, mă întreb, de ce să nu reprezinte chiar... adevărul ? Bănuiesc, că unii vor considera aceasta ca fiind ceva poate naiv, poate pueril, poate absurd... Ei și ? Nu au decât... Nu au decât să trăiască în lumea lor "sigură", în cotidianul lor cenușiu și stupid... Este opinia lor – o respect ca atare, dar nu o accept... De altfel mulți critici în lipsă de altceva, aduc ca argumente, afirmații de genul: "lipsa dovezilor", "nu este științific" și se ascund în spatele acestor argumente; în definitiv, ce înțeleg aceștia prin dovezi sau prin... "științific" ? Acești critici, cu aceste cuvinte "magice" (dovezi, științific), pot desființa orice și pe oricine... Dacă nu înțeleg ceva sau înțeleg eronat sau, în fine, nu acceptă ceva, atunci acești minunați înțelepți recurg la aceste cuvinte magice și gata, au terminat totul și se întorc apoi liniștiți, triumfători, în lumea lor sigură și prăfuită și pot dormi liniștiți... Le doresc somn ușor... În ultimă instanță ei se supun, de fapt, legii dezacordului universal ("nimeni nu este de acord cu nimeni")...

NOTĂ

De altfel, Hermann Waldhauser a avansat mai demult ipoteza că Marea Piramidă a fost o... hidrocentrală-pompă !... Pentru mai multe detalii, a se vedea capitolul 3, "Waldhauser și instalația de pompare din piramide", pag. 91-122, din cartea *"Minciuni milenare"*, autori: Jan Van Helsing, Stefan Erdmann, traducere Andreea Poplitaru, Editura ANTET, 2009.

Iată ce se arată la sfârșitul capitolului 3, printre altele :

"După toate căutările pe această temă și după cele mai recente rezultate ale cercetărilor, suntem de părere că Hermann Waldhauser avea dreptate ca principiu, și anume, că Marea Piramidă era o instalație tehnică, pusă în funcțiune cu ajutorul apei." (pag. 121)

Am fost de acord cu această ipoteză și am încercat să o dezvolt în contextul comunicărilor temporale...

În eseul lui Erich von Däniken, *"Mașinile timpului"* (din cartea *"Civilizații dispărute și secrete ale trecutului"* – Michael Pye, Kristen Dalley, Lifestyle Publishing, 2014, trad. Liviu Mateescu), este exprimată aceeași idee:

"În acest sens, acest monument (se referă la un complex gigantic de megaliți de la Stonehenge), ca și complexul din Egipt (se referă la Marea Piramidă), este o mașină a timpului, care are un scop, dar ce anume scop rămâne de văzut. " (pagina 283).

2.9. ASUPRA PROBLEMATICII CĂLĂTORIILOR ÎN TIMP

Problema călătoriilor în timp este una fascinantă. Cred că ar trebui avute în vedere următoarele aspecte în acest sens.

1) Stabilirea intervalului de timp în care se face călătoria în timp: există un interval critic ? (Se face peste o secundă ? Se face peste o oră ? Se face peste o zi ? Se face peste un an ? Se face peste zece ani, peste o sută de ani, peste un mileniu, sau mai mult ? Se face în trecut sau în viitor ?...

2) Orice obiect sau subiect care efectuează o călătorie în timp, este

definit temporal printr-un timp propriu. Timul propriu este definit prin condiţiile de margine: t0 - timpul iniţial - de la care începe să existe obiectul sau subiectul (naştere); t i - timpul intermediar - timpul sau vârsta pe care o are când începe să călătorească în timp; t f - timpul final - limita de existenţă a obiectului sau subiectului - când încetează să mai existe.

Acest timp propriu este integrat în timpul mediului (planetar de obicei) şi în timpul cosmic (galactic sau universal).

Problema: racordarea timpului propriu în aceste timpuri; cum se face ?

3) Orice călătorie în timp este şi o călătorie în spaţiu. Pentru că dacă se face o călătorie în trecut sau în viitor se are în vedere că la momentul iniţial al începerii călătoriei, locul în care se află, este raportat la Sistemul de Referinţă Galactic la anumite coordonate, DAR, după trecerea timpului (dacă acea călătorie se desfăşoară în viitor, sau la alt moment din TRECUT, locul acela, situat pe planeta Pământ, se găsea în alt loc, raportat la SISTEMUL DE REFERINŢĂ GALACTIC; aşa încât, obiectul sau subiectul va trebui să facă, concomitent cu călătoria în timp şi o călătorie în spaţiu (faţă de locul în care se află planeta între timp. Acest lucru este valabil şi pentru materia adiacentă care însoţeşte inevitabil obiectul sau subiectul precum şi o parte din mediul care îl înconjură imediat - atmosfera, particule de praf, spre exemplu.

4) O maşină de călătorit în timp, trebuie să conţină mai multe componente:

- o componentă de datare sau localizare - racordată la sursa timpurilor (timp propriu - timpul mediului - timp galactic);

- o componentă de tip "motor temporal" care să propulseze maşina;

- o componentă de tip "computer" care să coordoneze desfăşurarea procesului...

Altă variantă privind alcătuirea maşinii timpului:

- sursă de energie:

- motor temporal;

- dispozitiv de localizare şi datare;

- computer - computer cuantic;

- un dipozitiv de descompunere şi recompunere a materiei sau a informaţiei din care este alcătuit obiectul sau subiectul care trebuie să călătorească în timp.

5) Problema reversibilității și a ireversibilității proceselor. Evoluția în timp se face printr-un salt în timp și nu printr-o trecere succesivă, ceea ce este esențial diferit de procesele termodinamice și implică alte principii...

Ireversibilitatea proceselor este limitată în timp și spațiu, de altfel și călătoria în timp nu se desfășoară trecând prin aceleași stări, ci prin salturi între stări (oarecum analog cum se fac salturile cuantice).

6) Legătura cu perpetuum mobile - orice mașină nu poate să funcționeze fără să consume energie - imposibilitatea existenței unei mașini care să funcționeze fără să consume energie; orice mașină transformă energie. Deci o mașină a timpului trebuie să transforme energie. Deci energia mașinii timpului fie că trebuie să o ia de undeva, fie că trebuie să o producă. Este posibil ca mașina timpului să fie capabilă să transforme energia în informație și invers.

7) Există mașini ale timpului autonome - se transportă ele însele în timp, fie eteronome, ele sunt fixe - amplasate într-un anumit loc și moment și transportă obiectul sau subiectul, oarecum indirect în timp.

8) Scopul construirii mașinii timpului : a) pentru cunoaștere sau obținere de date istorice; b) pentru modelarea istoriei.

9) Pot exista și alte modalități de călătorie în timp sau de transfer temporal, printre care se pot aminti:

- Anomaliile – pot exista situații când în anumite locuri și în anumite momente se poate face un transfer temporal spontan; obiectul sau subiectul care este transferat în timp se poate găsi într-una din următoarele stări: la locul și la momentul potrivit (caz în care poate fi transferat sau transportat în timp); la locul potrivit dar la momentul nepotrivit; la locul nepotrivit dar la momentul potrivit; la locul și la momentul nepotrivit (în aceste trei cazuri nu are loc transferul în timp); anomaliile temporale sunt supuse hazardului, așa încât deocamdată cel puțin, nu se pot da prea multe detalii despre modalitățile de producere a acestora...

- Meditația extremă - este posibil să se călătorească în timp și atunci când cineva se detașează de prezent și se gândește mereu și mereu și exclusiv la un anumit moment din trecut sau din viitor... Dacă se gândește continuu, cu maximă intensitate, va ajunge acolo,în epoca la care se gândea... Ceea ce ne împiedică, este prejudecata, autosugestia... Dacă te gândești că nu este posibil să existe ceva, atunci chiar nu va exista...

- Reîncarnarea (atât reîncarnarea normală cât și anormală – adică reîncarnarea în trecut, respectiv individul nu se mai reîncarnează într-o epocă viitoare, ci într-o epocă din trecut) – toți cei care pretind că au mai trăit cândva, că s-au reîncarnat, de fapt, fie au comunicat ceva în timp, fie chiar au călătorit în timp !...

- Dedublarea - sufletul sau spiritul, sau altfel spus biocâmpul și psihocâmpul se pot disocia de corpul fizic... și individul poate străbate spațiul, poate străbate timpul... Dedublarea aceasta nu este ceva ușor de realizat, dar cu perseverență și credință se poate realiza totuși...

11) În sfârșit ar mai fi de semnalat un aspect care mi se pare interesant: în anumite situații, atunci când are loc o comunicare temporală, concomitent poate avea loc și un transfer temporal al unor obiecte...

Iată un exemplu, prezentat în cartea lui Didier Van Cauwelaert, „Dicționarul imposibilului", (trad. Adriana Bădescu, ED. Baroque Books & Arts, 2014, pag. 380-384.)

Cândva, în iunie 1925, un anume Jean Romier, student la medicină, întâlnește un bătrânel, în Jardin du Luxenbourg, care îl invită la el acasă unde organiza un mic concert de muzică de cameră. Jean Romier se duce, asistă la concert, apoi pleacă... După aceea, își aduce aminte că a uitat o brichetă de aur, un cadou primit de la părinții lui și se întoarce în clădire, sună la ușă, dar degeaba sună pentru că nu răspundea nimeni... În cele din urmă află că locatarii nu mai locuiesc demult acolo... Este bineînțeles consternat... Voind să lămurească acest mister, intră în apartamentul în care fusese cu numai câteva ore în urmă și acolo, pe o masă mică, găsește bricheta, acoperită de un strat gros de praf și de pânze de păianjen... A fost ca și când ar fi călătorit spontan în timp, ar fi rămas câteva ore în trecut și ar fi revenit spontan în prezent... Ar fi putut fi și așa... Dar s-ar fi putut să fie însă și o comunicare în timp... Jean Romier a fost în contact temporal cu un anumit individ, ar fi văzut, ar fi simțit, ar fi trăit împreună cu acel individ, apoi, contactul s-a întrerupt și a revenit în prezent... Așa ar fi putut fi, dacă nu ar fi existat și bricheta... Aici mi se pare că ar fi putut fi vorba de un transfer... Și anume că... în locul informațiilor primite de la acel individ cu care a fost în contact, ar fi trebuit ca Jean Romier să cedeze altceva – fie alte informații echivalente, fie... un obiect oarecare care să-i aparțină...

Trebuie avut în vedere că atunci când are loc un trasfer temporal –

fie de obiecte, fie de informații, există o anumită echivalență și anume: în locul obiectului sau subiectului transportat, sau în locul unor informații primite sau emise ÎN TIMP, trebuie să apară ALTCEVA care să înlocuiască obiectul, subiectul sau informațiile, pentru a nu se perturba echilibrul local sau global, ținând cont că obiectul sau subiectul sau informațiile sunt conectate cu alte obiecte sau subiecte sau informații din lumea în care se află... Altfel spus, se revine oarecum la "legea conservării" : nimic nu se pierde, nimic nu se câștigă, totul se transformă... Adică nici un obiect sau nici o informație nu poate să se "deplaseze" în timp (în trecut sau în viitor) fără ca în locul obiectului sau a informației să vină alt obiect sau altă informație (din trecut sau din viitor)... În caz contrar se generează unde temporale și respectiv sunt generate LUMI POSIBILE...

În cazul prezentat de către domnul Didier Van Cauwelaert, pot să consider că... în locul informațiilor primite de Jean Romier (informațiile sunt reprezentate de ceea ce el a văzut, a simțit, a trăit) acesta a trebuit să dea în schimb altceva, iar acest altceva, a fost chiar acea brichetă de aur, ca fiind echivalentul acelor informații...

Este oarecum asemănător cu ceea ce întâmplă și azi: pentru anumite informații pe care vrei să le obții, trebuie să plătești... Va trebui să dai fie bani, fie alte informații, fie anumite obiecte, fie va trebui să specifici sursa de informații, și așa mai departe...

Dacă nu vei plăti acele informații, indiferent cum, vei produce fie dezechilibre locale, fie vei fi considerat un hoț, iar consecințele vor fi dintre cele mai diverse...

Poate fi și așa, dar poate fi și altfel...

Așadar, pot fi următoarele consecințe, în cazul în care se produc modificări ale desfășurării naturale ale evenimentelor, printr-o anumită influență temporală (cum ar fi tansfer de obiecte sau de informații din prezent în trecut, prin călătorii temporale, prin comunicări temporale):

- datorită inerției temporale (timpul tinde să mențină sau să conserve succesiunea inițială sau naturală a evenimentelor și se opune modificării acestora), se pot produce o serie de evenimente care să restabilească succesiunea naturală a evenimentelor (spre exemplu dacă se modifică trecutul, de pildă prin modificarea unui eveniment oarecare - cum ar fi evitarea unui accident de automobil - atunci, după ce a avut loc acea modificare, se pot genera alte evenimente, aparent brusc, aparent inexplicabile, care să restabilească ordinea inițială);

- pentru a compensa inerția temporală, se poate recurge la realizarea echivalenței temporale (adică în locul unui obiect trimis în timp sau a unei informații transferate prin timp și care implică modificări sau cronoplastii, este necesar să se substituie acel obiect sau acea informație cu altceva echivalent; astfel, se poate evita într-o anumită măsură restabilirea naturală datorită inerției temporale);

- dacă intensitatea modificărilor temporale este foarte mare, când inerția temporală și echivalența temporală sunt anulate, atunci se generează UNIVERSURILE ALTERNATIVE.

Mai trebuie să menționez succint aici că există și așa-numita "iluzie a anulării". Ce înseamnă asta ? Iată despre ce este vorba. Fie situația în care se produce o modificare temporală - un călător temporal schimbă un anumit eveniment, spre exemplu, îl ajută pe Cezar să scape cu viață în urma atentatului din 15 martie 44 î.Hr.

Succesiunea de evenimente care ar fi urmat după această modificare temporală, ar înlocui vechea succesiune, aceea cunoscută de istorici, (aceea care a rezultat după asasinarea lui Cezar)... Această succesiune (denumită și succesiunea inițială sau naturală) lasă impresia că pur și simplu nu mai există, se anulează... Dar nu este decât o iluzie... Ce urmează ? Avem de ales: fie putem presupune că în UNIVERS nimic nu se pierde, nimic nu se câștigă, are loc o continuă transformare; fie putem presupune că totul se pierde, totul se câștigă, nu există decât o spontaneitate continuă; fie mai putem presupune că uneori se poate pierde ceva, iar alteori se poate câștiga ceva, în acest caz au loc tot felul de anomalii...

Dacă luăm în considerare prima posibilitate (și anume aceea în care nimic nu se pierde, nimic nu se câștigă), atunci putem face mai departe următoarele presupuneri... Mai întâi inerția temporală tinde să restabilească ordinea inițială, va genera alte evenimente care să conducă la starea inițială - vor apărea alți atacatori, alte conjuncturi care vor face ca Cezar să moară, în cele din urmă... Dacă nu se întâmplă asta, dacă acel călător temporal îl jută din nou și din nou pe Cezar să scape cu viață, cu alte cuvinte inerția temporală nu poate restabili ordinea, atunci, ar mai exista două posibilități:

- Fie se va produce echivalența temporală; va trebui să se producă un eveniment echivalent care să compenseze modificarea produsă în trecut - în acest caz, va trebui ca altcineva din viitor să fie ucis în locul lui Cezar... Cine ar putea fi ? Ei bine ar putea fi chiar... călătorul temporal, acela care l-a ajutat pe Cezar să scape de la moarte, numai că acel călător temporal, va fi ucis după ce a produs modificarea temporală sau cronoplastia (adică după ce l-a salvat pe Cezar)...

- Fie se va produce o bifurcare temporală, respectiv două LUMI POSIBILE (UNIVERSURI ALTERNATIVE): într-o LUME POSIBILĂ evenimentele continuă să se succeadă natural, aşa cum se ştie, iar în ALTĂ LUME POSIBILĂ, evenimentele se vor succeda în alt fel, cu alte cuvinte se vor succeda alterat (Cezar ar continua să trăiască, şi ca urmare se vor iniţia alte şi alte evenimente specifice)...

*

Referitor la această problematică, în articolul scris de <u>Mădălina Drăgoi</u>, "*Şocantele mistere ale timpului şi călătoria în timp*", (http://www.descopera.ro/stiinta/4804175-socantele-mistere-ale-timpului-calatoria-in-timp,27.08.2009), se prezintă câteva puncte de vedere referitoare la maşina timpului şi în general la călătoria în timp... Iată câteva extrase din articol, extrase care evidenţiază totodată şi limitările dar şi speranţele unor gânditori din această epocă...

" *La începutul anilor '80, a fost lansată ideea călătoriei în timp printr-o gaură de vierme. Gaura de vierme este o structură ipotetică a spaţiu-timpului, reprezentată sub forma unui tunel lung şi subţire care face legătura între două puncte de spaţiu-timp. Ea ar fi o zonă de gravitaţie intensă, asemănătoare unei găuri negre; dar, în timp ce gaura neagră este o călătorie către nicăieri, gaura de vierme are atât intrare, cât şi ieşire. În limbajul SF, o gaură de vierme este o scurtătură între două puncte din spaţiu-timp. Obiectele care trec prin ea pot fi proiectate în trecut sau în viitor. Unii fizicieni cred că găuri de vierme, de dimensiuni colosale, apar la fiecare Big-Bang, deci ele se află undeva în Cosmos. Alţii consideră că găurile de vierme ar trebui căutate în microlumea cuantică.*"

" *Chiar dacă nimic din teoria lui Einstein nu interzice călătoria în trecut, oamenii de ştiinţă resping ideea ca fiind prea ciudată sau chiar paradoxală. Ce s-ar întâmpla cu un călător care s-ar întoarce în timp şi şi-ar omorî mama la momentul când ea este încă doar un copil? Cu siguranţă, el nu s-ar mai fi născut, deci nu ar fi putut comite crima. Pentru a rezolva această dilemă, Stephen Hawking a propus o „conjectură de protecţie a cronologiei" ce interzice întoarcerea în timp. Aceasta impiedică o gaură de vierme şi orice alt dispozitiv să fie transformate într-o maşină a timpului. Altă interdicţie, venită din fizica cuantică, se bazează pe principiul incertitudinii al lui Heisenberg şi se aplică domeniului subatomic.*

Pe de o parte, energia fluctuează imprevizibil chiar şi în spaţiul liber; nimic nu poate opri aceste fluctuaţii, întrucât aşa este alcătuită natura spaţiu-timpului în care trăim. De aceea, pentru o călătorie în timp – în eventualitatea în care am avea deja la dispoziție o mașină a timpului –, am „împrumuta" practic energie gratuit, păcălind astfel natura. Natura ne-ar permite acest împrumut atâta timp cât energia ar fi returnată rapid. Conform principiului nesiguranței, cu cât ar fi mai mare cantitatea de energie de care am avea nevoie, cu atât durata împrumutului ar fi mai scurtă.

O mașna a timpului ar transforma energia împrumutată într-un salt în timp. Însă dacă respectiva mașină nu s-ar întoarce aproape instantaneu înapoi, energia cuantică lipsă ar genera câmpuri gravitaționale masive, care ar distruge gaura de vierme folosită. Din perspectiva principiului incertitudinii al lui Heisenberg, am putea folosi o mașina a timpului, dar am ramâne pentru veșnicie captivi în spațiu-timpul destinației alese."

" Cercetările profesorului Kip Thorne de la Institutul de Tehnologie din California, lasă deschis răspunsul la întrebarea dacă fluctuațiile energiei ar putea distruge gaura de vierme și deci mașina timpului. "

"David Deutsch, de la Universitatea din Oxford, propune ipoteza a două universuri paralele. Într-unul dintre ele, atomii se mișcă spre dreapta, în celălalt – spre stânga.

Din perspectiva cuantică, ambele universuri sunt reale, întrucât în fizica cuantică există un număr infinit de realități paralele. În cazul în care călătoria în timp ar fi posibilă, nesiguranță atomică ar putea fi amplificată la dimensiuni individuale, așa încât un călător în timp să nu aibă un singur trecut, ci o multitudine. Ar putea să-și omoare mama în istoria unei lumi, lasând-o totuși în viață în universul din care a plecat. "

În sfârșit, odată ajuns într-o anumită epocă istorică, un călător temporal ar mai trebui să aibe în vedere două aspecte: să evite "nepătrunderea", adică să ajungă într-un loc în care să poată exista (corpul să nu se întrepătrundă cu un alt obiect – cu o stâncă spre exemplu) și în al doilea rând să ajungă într-un loc în care să poată supraviețui (să poată să respire, să se poată hrăni, să nu existe agenți patogeni care să-i producă tot felul de boli)...

*

În alt articol – „*Experimente in timp*" (http://www.armonianaturii.ro/Experimente-in-timp.html*articleID_535-articol, Data apariției: 29.11.2007, sursa: Active Information Media www.aim.active.ws) – se prezintă chiar niște informații conform cărora o mașină a timpului a fost chiar realizată !...

<< *Faimosul om de știință rus Nikolai Kozârev a condus un experiment*

pentru a demonstra posibilitatea călătoriei în timp. El a afirmat chiar că "timpul poate să producă energie". Un fizician american a ajuns la concluzia că timpul a existat înainte de a exista lumea, așa cum o cunoaștem noi. Ghenadi Belimov, cercetător rus al fenomenelor inexplicabile, filozof și autor a numeroase cărți, a publicat un articol cu titlul "Mașina timpului: viteza întâia" în magazinul "Pe culmea imposibilului". El a descris experimente unice realizate de un grup de entuziaști condus de Vadim Cernobrov, omul care a început construirea de mașini ale timpului încă din 1987. Astăzi acest grup de entuziaști pot să grăbească sau să încetinească curgerea timpului folosind aceste dispozitive.

În august 2001, într-o pădure izolată din regiunea rusă Volgograd s-a construit un nou model de mașină a timpului menită să fie folosită de om. Deși folosea doar acumulatoare de autoturism și funcționa la capacitate redusă, mașina a reușit să modifice timpul cu 3%; măsurătorile s-au realizat cu oscilatoare cu cristale simetrice.

La început, cercetătorii petreceau 5, 10 și apoi 20 de minute în mașina timpului. Timpul maxim a fost de o jumătate de oră. Cernobrov spune că oamenii se simțeau ca și când intrau într-o nouă lume; ei simțeau viața de aici dar și pe cea de "acolo" în același timp ca și când se deschisese o ușă misterioasă. "Nu pot să explic aceste senzații neobișnuite pe care le-am simțit în astfel de momente", spune Cernobrov.

Evident, nici televiziunile și nici radioul nu au făcut publice aceste experimente. Și totuși, încă de pe vremea lui Stalin se desfășurau experimente cu timpul în cadrul unui institut de cercetări a lumilor paralele. Rezultatele experimentelor conduse atunci de academicienii Kurceatov și Ioffe se pot găsi astăzi în arhive. În 1952, șeful poliției secrete ruse, Beria, a declanșat o anchetă împotriva cercetătorilor care participau la experimente care a avut ca rezultat executarea a 18 profesori și trimiterea în lagăre a altor 59 de cercetători. Institutul și-a reluat activitatea mai târziu, sub Hrușciov. O nouă tragedie a avut loc în 1961 când un întreg stand de experimentare a dispărut cu tot cu cei 8 cercetători care activau în clădire. Clădirile apropiate de acesta au fost distruse, devenind ruine. Partidul Comunist a decis suspendarea cercetărilor până la noi ordine.

Programul a fost re-activat în 1987, însă pe 30 august 1989 a fost lovit de o nouă tragedie: o extrem de puternică explozie a distrus stabilimentul institutului din insulele Anjou. Explozia a distrus modulul experimental de 780 de tone, dar și întreg arhipelagul de insule pe o suprafață de 2 km pătrați. Se spune că modulul experimental în care se aflau 3 cercetători s-ar fi ciocnit cu un asteroid în lumea paralelă.

Ultima însemnare din jurnalul experimentului, aflat în arhiva institutului, spune: "Suntem pe moarte dar continuăm experimentul. Aici este foarte întuneric; vedem cum obiectele devin duble , mâinile şi picioarele noastre sunt transparente, ne vedem venele şi oasele prin piele. Rezerva de oxigen ajunge pentru 43 de ore dar sistemul de menţinere a vieţii este puternic distrus. Transmiteţi cele mai bune urări familiilor şi prietenilor noştri!".

Apoi transmisia s-a oprit brusc. >>

Posibil, dar înclin să cred că totuşi, o maşină a timpului nu ar putea funcţiona utilizând, printre altele, ca sursă de energie... "doar acumulatoare de autoturism"... Oricât s-ar strădui cineva, oricât de entuziast ar fi şi oricâtă inteligenţă ar avea, cred că este exclus ca o maşină a timpului să poată exista numai cu o astfel de sursă rudimentară de energie... În afară de asta, după cum reiese din articol, mi se pare că sunt prea multe... pierderi, prea multe dovezi distruse, astfel încât, în final, cititorul este liber să creadă sau nu în veridicitatea celor relatate... Cu toate acestea, ceva a fost, însă... poate că nu aşa cum a fost relatat...

*

Între a fi şi a nu fi s-ar părea că există un abis... Cândva, marele WILLIAM SHAKESPEARE, scria: "A fi sau a nu fi, iată întrebarea." Ei bine cred că, în cazul TIMPULUI, s-ar putea spune: a fi şi a nu fi, iată răspunsul. Concomitent, TIMPUL este şi nu este !... Este şi o dimensiune, dar este şi altceva... Când este altceva, nu mai este o dimensiune, când este o dimensiune, nu mai este altceva... Este greu de înţeles aceasta cu o gândire constrânsă, numai o gândire liberă permite o înţelegere mai profundă a TIMPULUI...

2.10 CLIPA ŞI ETERNITATEA

→ Clipa şi eternitatea; generarea dimensiunilor Universului - diverse întrebări...

Iată câteva întrebări care mi se par interesante:

♦ Care este fracţiunea de timp pe care o denumim prezent ? Poate fi o secundă ? Mai puţin de o secundă ? Mai mult de o secundă ? Cât durează... prezentul ? Durata prezentului depinde de cel ce percepe timpul ? Depinde de procesele din acest Univers ? Spre exemplu la nivelul cuantic, procesele care au loc la acest nivel se desfăşoară extrem de rapid, prezentul la acest nivel durează fracţiuni de secundă (durează doar o clipă), dar prezentul are o durată mult mai mare în cazul altor procese (cum ar fi procesele biologice, ecologice, geologice, cosmice)...

Prezentul poate fi diferit, de la un nivel al realității, la alt nivel ?...

Se poate vorbi de... eternitatea clipei ? Eternitatea este o succesiune nesfârșită de clipe ? Poate exista un prezent... nesfârșit ?

Clipa este un interval de timp nesfârșit de scurt... Eternitatea este un interval de timp nesfârșit de lung... Aș vrea că trăiesc într-un Univers în care o clipă se poate dilata la infinit, devenind o eternitate, iar eternitatea se poate contracta la infinit, devenind... doar o clipă... Vorbe, vorbe, vorbe, ar spune unii... Ei și, ce dacă ar spune ?... Îmi este indiferent...

♦ Pot considera că prezentul este de fapt o intersecție a trecutului cu viitorul ? Iată o schemă simplă care ilustrază aceasta (figura 2.8).

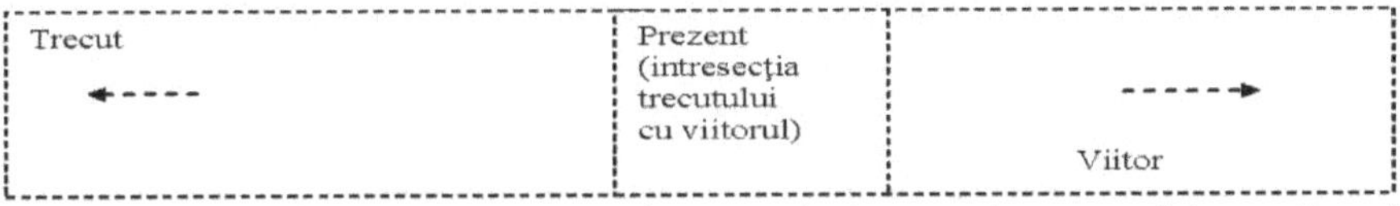

```
┌ ─ ─ ─ ─ ─ ─ ─ ─ ─ ─ ─ ─ ─ ┬ ─ ─ ─ ─ ─ ─ ─ ─ ─ ─ ┬ ─ ─ ─ ─ ─ ─ ─ ─ ─ ─ ┐
│  Trecut                   │  Prezent            │                    │
│                           │  (intresecția       │                    │
│     ◄ ─ ─ ─ ─             │  trecutului         │    ─ ─ ─ ─ ─ ►     │
│                           │  cu viitorul)       │                    │
│                           │                     │     Viitor         │
└ ─ ─ ─ ─ ─ ─ ─ ─ ─ ─ ─ ─ ─ ┴ ─ ─ ─ ─ ─ ─ ─ ─ ─ ─ ┴ ─ ─ ─ ─ ─ ─ ─ ─ ─ ─ ┘
```

Figura 2.8 Schemă intuitivă referitoare la intersecția trecutului cu viitorul, intersecție din care rezultă prezentul

Prezentul poate dura o secundă sau mai mult ori mai puțin (se poate diviza la nesfârșit). Durata prezentului depinde de un sistem de referință, precum și de un obsevator (sau o conștiință) oarecare...

Prezentul poate dura o eternitate, dacă trecutul și viitorul se suprapun în totalitate... Altfel spus, eternitatea înseamnă un prezent rezultat în urma suprapunerii unui trecut nesfârșit cu un viitor nesfârșit.

Eternitatea mai poate însemna și un timp care se închide în sine (sau altfel spus, un timp circular) - ilustrativ, în figura 2.9.

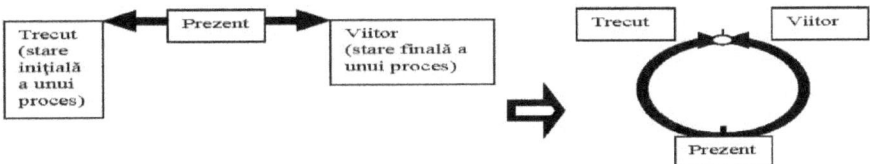

Figura 2.9 În cazul unui timp circular, o stare inițială a unui proces

(care poate fi considerat trecut) se poate suprapune cu starea finală (care poate fi considerat viitor)

Exemplu: avem următoarea succesiune:

...→ apariție → creștere → stabilitate → descreștere → dispariție → apariție... (dispariția poate fi considerată ca fiind o altă apariție) → ...

Ilustrativ acest exemplu se poate reprezenta ca în figura 2.10.

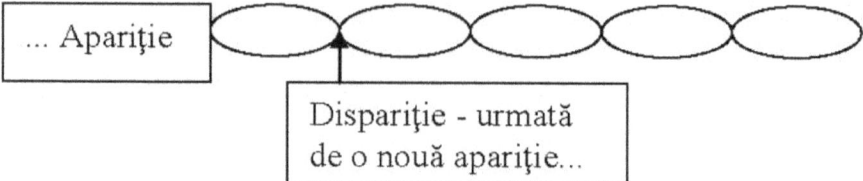

Figura 2.10. O succesiune nesfârșită de apariții și dispariții care se repetă

Apariția și dispariția poate reprezenta orice lucru (obiect, fenomen, proces, organism...).

> ETERNA REÎNTOARCERE (Ciclul temporal)

Mă gândesc la repetabilitatea unui interval de timp oarecare (interval care poate fi de câțiva ani, un an, câteva luni, cateva săptămâni sau câteva zile)... Această repetabilitate o pot considera ca fiind un ciclu temporal (și chiar o pot considera ca fiind un fel de eternitate !)... Iată un exemplu simplu... Consider că, la un moment dat, să zicem că din anul 2012, urmează următoarea succesiune de ani, respectiv : 2012, 2013, 2014, 2015, 2016, DAR, după anul 2016, nu urmează, cum ar fi normal anul 2017, urmează anul... 2012, cu alte cuvinte, SE REVINE LA ACEST AN ! Apoi urmează aceeași succesiune: 2012, 2013, 2014, 2015, 2016, și apoi iar se revine la anul 2012 !... Acest ciclu temporal se poate repeta la nesfârșit !

Dar, există și varianta de a se ieși din acest ciclu temporal, din această succesiune și se poate reveni la succesiunea obișnuită: 2012, 2013, 2014, 2015, 2016, 2017, 2018...

Pentru o ilustrare a acestei idei, a se vedea figura 2.11.

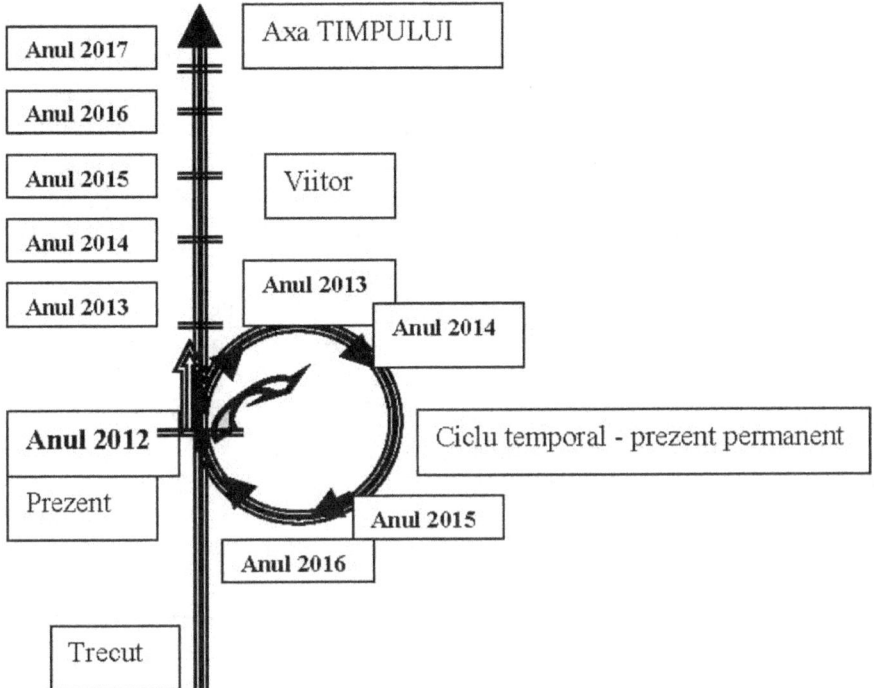

Figura 2.11 Ciclu temporal - la un moment dat, se produce o bifurcare a timpului; anumite momente apoi se repetă într-un anumit interval temporal (spre exemplu începând cu anul 2012, urmează anul 2013, 2014, 2015, 2016 și apoi, în loc să urmeze anul 2017, se revine la anul 2012 și ciclul se repetă)... Acest ciclu temporal poate dura la nesfârșit și reprezintă un fel de LUME POSIBILĂ ETERNĂ; se poate ieși din acest ciclu temporal și se poate reveni la axa temporală principală - cu alte cuvinte la timpul monoton (liniar) obișnuit...

Desigur că o astfel de posibilitate are loc într-un Univers cu cinci dimensiuni... Așadar se poate alege un interval de timp oarecare, interval care poate fi repetat la infinit și ar putea crea o iluzie a eternității !

(Dacă nu mă înșel chiar se vorbește în literatura filozofică despre... mitul eternei reîntoarceri – într-adevăr, aceasta este reîntoarcerea eternă – să te reîntorci în timp, și să repeți la nesfârșit un anumit interval de timp... Ar fi un fel de nemurire... Dar nemurirea veritabilă ar fi de fapt un... timp liniar care să nu aibe sfârșit sau mai bine zis înseamnă un viitor fără sfârșit, și nu un timp circular care să se tot repete la nesfârșit...).

→ Cum se generează dimensiunile Universului ?

Din câte mi-am putut da seama, acestea se generează fie printr-o translație (a punctului, a dreptei, a planului...), fie printr-o rotație (a dreptei, a planului...), fie prin mobilitatea punctului, dreptei, planului... De fapt, translația și rotația presupun mobilitatea... De ce se generează ? Probabil că dimensiunile Universului sunt impuse de către o structură superioară, în care este inclus Universul...

Ar mai trebui semnalate și dificultățile legate de percepția (sau înțelegerea sau conștientizarea) generării dimensiunilor...

Iată următorul exemplu... Consider timpul monoton (sau liniar, obișnuit, definit simbolic, printr-o dreaptă, iar pe această dreaptă se pot figura extremitățile, acestea fiind viitorul și trecutul, iar într-un punct oarecare, prezentul); pot să îmi imaginez o rotație a acestei drepte, în felul arătat în figura 2.12.

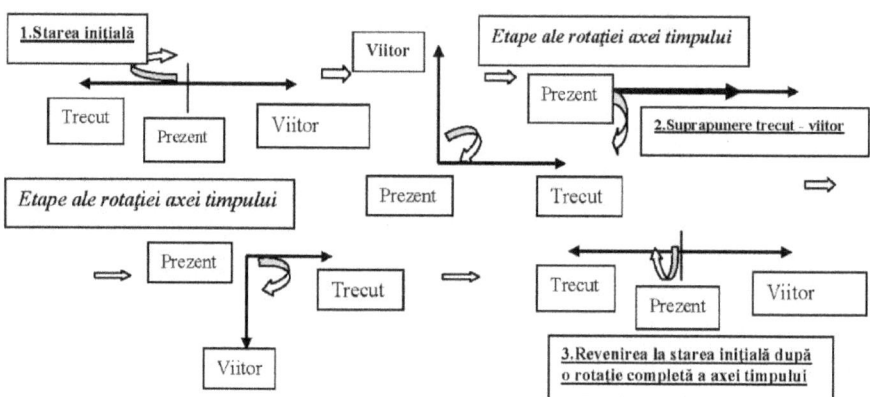

Figura 2.12 O rotație a axei timpului (într-un UNIVERS CU CINCI DIMENSIUNI)

Întrebarea care se pune este: cum ar putea fi percepută (sau conștientizată sau înțeleasă) o astfel de rotație temporală (în urma căreia, de fapt se generează o dimensiune) ? Este foarte, foarte greu de răspuns... Pot, cel mult să presupun că, în starea inițială, există o demarcație clară între prezent, trecut și viitor, evenimentele se succed monoton; apoi, când are loc rotația axei timpului, trecutul începe să se întrepătrundă cu prezentul și viitorul, se poate remarca o anumită periodicitate a evenimentelor, demarcația dintre un eveniment nou și unul vechi este mai puțin evidentă, până când se ajunge la o suprapunere sau la o amestecare a trecutului cu prezentul și viitorul, atunci evenimentele se repetă accentuat sau altfel spus, evenimentul nou se suprapune peste evenimentul vechi, astfel încât aproape că nu se mai pot diferenția; continuându-se rotația axei timpului, se ajunge la situația precedentă, în care există iarăși o oarecare demarcație între prezent, trecut și viitor și în cele din urmă, dacă se continuă rotația axei timpului, se ajunge la starea inițială. Am expus succint semnificația rotației axei timpului, prezentată în figura 2.12... Dar această rotație a axei timpului înseamnă de fapt, dimensiunea a cincea a UNIVERSULUI (înseamnă de fapt... HIPERTIMPUL)...

Aceasta reprezintă așadar, un exemplu de dificultate în ceea ce privește perceperea (sau înțelegerea sau conștientizarea HIPERTIMPULUI !)... Întrucât complexitatea noastră (ca ființe cvadridimensionale) este inferioară complexității UNIVERSULUI CU CINCI DIMENSIUNI, aceasta va avea ca urmare dificultăți foarte mari în a înțelege atât dimensiunile superioare cât și generarea acestora... Poate că le vom înțelege, cumva, dar cu limitări, cu tot felul de simplificări, într-un cuvânt, poate că le vom înțelege, dar incomplet !...

Da, așa se pare că este, întrucât, ca ființe cvadridimensionale (trăim într-un Univers cu patru dimensiuni), avem o anumită complexitate, ceea ce permite să percepem obiecte cu dimensiuni mai mici (tridimensionale, bidimensionale, unidimensionale) sau egale, adică cvadridimensionale, dar nu ne permite să percepem obiecte cu dimensiuni mai mari... Generarea unor dimensiuni implică, după cum se pare, un salt în complexitate !...

> Este posibil ca un om să moară înainte de a se naște ? În cazul unei călătorii în timp, pot avea loc și astfel de situații: cineva născut în anul 1990, spre exemplu, a trăit până în anul 2050, apoi, în acel an a făcut o călătorie în timp (în trecut), până în anul 1940 și a murit în urma unui accident !... Cu alte cuvinte, a murit înainte de a se naște !... Pare absurd, dar nu imposibil !...

În figura 2.13 am încercat să reprezint această situație...

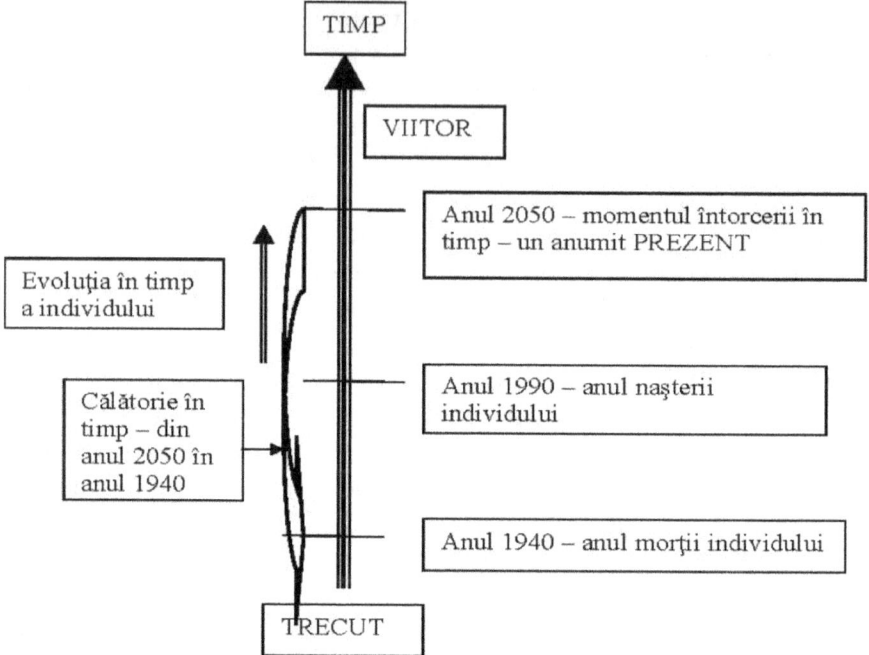

Figura 2.13 Moartea dinaintea naşterii – într-un timp monoton (liniar, clasic) pare imposibil; dar într-un timp multiliniar – care presupune a cincea dimensiune (HIPERTIMPUL), este posibil !

Notă

Unii fizicieni, presupun că există nişte particule, denumite tahioni care se pot deplasa cu viteze mai mari decât viteza luminii în vid. Aceste particule, afirmă aceşti fizicieni, sunt nişte particule care „se nasc după ce mor" , adică se formează sau sunt emise după ce acestea au... dispărut !... Ceea ce ar însemna de fapt că aceste particule, de fapt, călătoresc în timp – după ce au fost emise se întorc în timp, respectiv înainte de a fi emise !

Aşadar, „naşterea după moarte" sau „apariţia după dispariţie" nu este decât un paradox aparent...

*

- Pot exista Universuri fără dimensiuni ? Probabil că da, pot exista... Orice este posibil...

- Ce este transdimensiunea ? Trebuie spus că între dimensiuni (între dimensiunea 1 şi dimensiunea 2, între dimensiunea 2 şi dimensiunea 3, între dimensiunea 3 şi dimensiunea 4, între dimensiunea 4 şi dimensiunea 5, şi aşa mai departe) există o infinitate de alte subdimensiuni (spre exemplu se poate vorbi de subdimensinea 1,2 apoi de subdimensiunea 1,21 apoi de subdimensiunea 1,214 , și așa mai departe, cu alte cuvinte acestea sunt subdimensiuni fracționare sau TRANSDIMENSIUNI). Trecerea prin transdimensiuni înseamnă de fapt trecerea de la dimensiunea 1 la dimensiunea 2 și invers, apoi de la dimensiunea 2 la dimensiunea 3 și invers, apoi de la dimensiunea 3 la dimensiunea 4 și invers, și așa mai departe. Între două dimensiuni există o infinitate de transdimensiuni...

Așa cum s-a mai arătat, trecerea de la o dimensiune inferioară la o dimensiune superioară se face prin translație, rotație, mobilitate (se realizează saltul dimensional), iar trecerea inversă (de la o dimensiune inferioară la o dimensiune superioară) se face prin intersecție (se realizează regresia dimensională).

Problema este foarte interesantă și merită o analiză mai aprofundată...

- Pot exista LUMI POSIBILE eterne ? Este posibil ! Spre exemplu, în cazul timpului ramificat (adică în cazul hipertimpului), o anumită ramificație se poate prelungi la infinit...

- Ar mai fi niște întrebări... Iată... În cadrul modelului de Univers denumit BIG BANG (sau MAREA EXPLOZIE), se presupune că a existat un moment unic, o singularitate, în care era concentrată o cantitate enormă, (dar finită) de materie... După ce a avut loc "MAREA EXPLOZIE", din acea SINGULARITATE, a rezultat totul: spațiul și timpul, energia, câmpurile fizice, particulele elementare, structurile cuantice, cosmice, biologice... Întrebările pe care mi le pun sunt următoarele:

> Cum s-a putut comprima într-o singularitate... totul ? (Adică spațiul, timpul, energia, informația, substanța...)

> De ce Universul se află în expansiune ?... Ce a însemnat de fapt... MAREA EXPLOZIE ? (Ce a determinat, ce a făcut ca SINGULARITATEA să se extindă ?

(Observațiile astrofizicienilor referitoare la EXPANSIUNEA UNIVERSULUI, nu sunt suficiente pentru a explica expansiunea Universului...)

*

Mărturisesc că aceste întrebări (și altele), m-au tulburat profund și nu știu dacă voi reuși să răspund vreodată...

→ O remarcă privind LUMILE POSIBILE și LUMEA REALĂ.

Ce aș mai putea spune referitor la cunoașterea LUMILOR

POSIBILE şi a LUMII REALE ? Doar atât... Cunoaşterea acestor LUMI este limitată... Cred că se poate aplica şi în acest caz principiul de nedeterminare din mecanica cuantică (nu se poate cunoaşte sau nu se poate determina simultan poziţia şi impulsul unei particule, în cadrul unei măsurători oarecare). Aşadar, pot să afirm următoarele: SAU se va cunoaşte LUMEA POSIBILĂ, dar nu se va cunoaşte LUMEA REALĂ, SAU dimpotrivă, se va cunoaşte LUMEA REALĂ, dar nu se va putea cunoaşte LUMEA POSIBILĂ ! În definitiv, trebuie să alegi între LUMEA REALĂ şi LUMEA POSIBILĂ ! Dacă alegi LUMEA REALĂ, vei RĂMÂNE în acea LUME REALĂ, dar dacă alegi LUMEA POSIBILĂ, ei bine, aceasta va deveni NOUA LUME REALĂ, iar VECHEA REALITATE, fie că va dispărea, fie că va deveni o LUME POSIBILĂ !... Este ca şi când ai citi o carte sau ai viziona un film, sau ai visa; în acele momente, eşti în LUMEA cărţii, sau în LUMEA filmului, sau în LUMEA visului (care pot fi considerate, într-o anumită măsură, ca fiind LUMI POSIBILE), dar în acele momente sunt, (sau reprezintă) fiecare, o LUME REALĂ, iar fosta realitate (aceea de dinainte de a citi cartea sau de a viziona filmul sau de a visa), devine o LUME POSIBILĂ... Dar mai trebuie specificat că orice LUME POSIBILĂ poate fi considerată ca fiind un UNIVERS CU PATRU DIMENSIUNI; toate LUMILE POSIBILE sunt incluse într-un UNIVERS CU CINCI DIMENSIUNI ! În principiu, în UNIVERSUL CU CINCI DIMENSIUNI pot exista oricâte UNIVERSURI CU PATRU DIMENSIUNI, (tot aşa cum într-un UNIVERS CU PATRU DIMENSIUNI pot exista oricâte UNIVERSURI CU TREI DIMENSIUNI). Unul dintre UNIVERSURILE CU PATRU DIMENSIUNI este considerat (de către un anumit observator, de către o anumită conştiinţă) ca fiind UNIVERSUL REAL, iar celelalte UNIVERSURI sunt considerate ca fiind POSIBILE (sau chiar nici măcar nu există pentru un anumit observator sau pentru o anumită conştiinţă)... Cu toate acestea, oricând UNIVERSUL REAL, poate deveni UNIVERS POSIBIL şi invers... În figura 2.14 se reprezintă o schemă prin care încerc să ilustrez consideraţiile expuse...

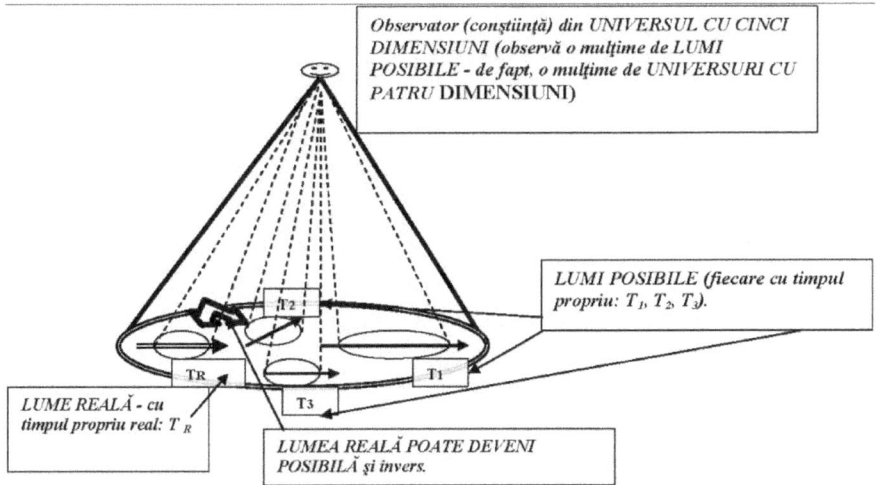

Figura 2.14 Un observator din UNIVERSUL CU CINCI DIMENSIUNI, POATE SESIZA o mulțime de LUMI POSIBILE, inclusiv o LUME REALĂ (care poate deveni o LUME POSIBILĂ)

2. Sunt tot felul de păreri legate de dimensiunile Universului... Iată un exemplu... Într-un articol (http://www.esoterism.ro/ro/universuripar.php, Universuri Paralele Înainte de BIG BANG, Universuri Paralele, sau Teoria absoluta a Științei, esoterism.ro, site de esoterism, metafizica si astrologie, 2012) se arată:

" De fapt, întreg Universul reprezintă o membrană 10-dimensională, care plutește în hiperspațiul cu 11 dimensiuni."

" Dat fiind faptul că a 11-a dimensiune e foarte mică (s-a sugerat o valoare de 10-20 metri) înseamnă că aceste universuri paralele sunt foarte aproape de noi.

La mai puțin de 1 milimetru de noi ar putea exista un alt univers ! Pentru cei care se gândesc de pe acum la călătoria într-un univers paralel, deținem o informație nu prea încurajatoare: se pare că aceste membrane-univers nu interacționează decât prin intermediul forței gravitaționale. Altfel spus, materia sau radiația electromagnetică nu pot părăsi membrana din care fac parte. Iar dacă vă gândiți că o ciocnire între Universul nostru și universul în care doriți să ajungeți v-ar fi de folos, suntem nevoiți să vă contrazicem, pentru că un astfel de eveniment ar putea însemna nici mai mult, nici mai puțin decât echivalentul unui Big Bang ! De fapt, această ultimă idee este de dată foarte recentă."

2.11 ÎNSEMNĂRI DIVERSE

→ Printre subiectele de interes care pot fi studiate în cadrul comunicării temporale, se numără și subiectul referitor la... cooperare și conflict în decursul unei comunicări temporale. Dacă doi indivizi care transmit mesaje în decursul unei comunicări temporale sunt în relații de cooperare, atunci acea comunicare poate fi benefică. Dar dacă indivizii vor fi în relații conflictuale, ce se va întâmpla ?... În cazul unei comunicări obișnuite, dacă doi indivizi sunt în conflict, atunci urmarea ar fi că aceștia vor deveni violenți și vor încheia astfel comunicarea... Dar, mai poate exista următorul risc: unul dintre indivizi poate să îi transmită celuilalt informații false sau poate să îl influențeze într-un anumit fel !...

*

→ Este util să se studieze următoarea problemă... Să considerăm că a fost transmis de către o anumită persoană, un mesaj prin timp; acest mesaj a fost apoi recepționat de către un anumit individ... Problema care apare este: în ce măsură acel mesaj, după ce a fost recepționat, este înțeles corect de către individul respectiv și dacă este înțeles corect, în ce măsură îl poate influența pe acel individ ? Problema este importantă, pentru că de rezolvarea acesteia, se poate analiza mai departe, alte chestiuni legate de modificările temporale... Într-adevăr, dacă mesajul îl influențează pe individ, atunci ne putem închipui că oricine poate să transmită tot felul de mesaje în timp, oricărui individ... Individul poate fi influențat și astfel și-ar modifica, să spunem, comportamentul inițial (adică de dinainte de a fi influențat)... Ar putea rezulta astfel, modificări ale timpului (altfel spus, s-ar declanșa, anumite perturbări temporale)...

*

→ Dacă, un individ oarecare va influența trecutul și acesta ÎL VA INFLUENȚA PE ACEL INDIVID, însă individul nu va sesiza nimic ! Va trăi într-un ALT UNIVERS, UN UNIVERS MODIFICAT (O LUME POSIBILĂ)... Toată existența lui precedentă, nu va fi memorată sau nu va mai fi sesizată – altfel spus, nu va mai fi conștient de precedenta existență !...

*

→ Este de notat și următoarea idee: bifurcarea temporală sau ramificarea temporală (separarea sau divizarea timpului în două sau mai multe direcții corespunzând unor evoluții diferite), are loc, după cum se pare, la nivel cuantic și în a cincea dimensiune. Există un transfer de informații în spațiu și timp...

*

→ Este de subliniat că, în cadrul comunicărilor temporale, este fundamentală voința de a cunoaște ! Fără voința de a cunoaște, comunicarea temporală nu are sens și nu se va realiza niciodată !...

Într-o comunicare temporală, trebuie avute în vedere următoarele aspecte:

- Calitatea informației transmise sau primite. (Altfel spus, ceea ce vrei să cunoști.)

- Cantitatea de informație transmisă sau primită. (Altfel spus, cât vrei să cunoști.)

- Cauzalitatea comunicării temporale. (Altfel spus, de ce vrei să cunoști ?)

- Modalitatea comunicării temporale. (Altfel spus, cum vrei că cunoști ?)

- Scopul sau importanța informațiilor transmise sau primite. (Altfel spus, relevanța cunoașterii.)

- Complexitatea cunoașterii, respectiv corelarea informațiilor transmise sau primite cu energiile, substanțele sau diferite caracteristici ale oamenilor între care are loc o comunicare temporală (cu alte cuvinte, dacă informațiile transmise sau primite pot determina modificări ale timpului, prin modificări energetice spre exemplu). Acest aspect poate că ar necesita unele lămuriri... Să presupunem că un om dotat cu anumite calități paranormale, își propune să intre în contact telepatic prin timp (adică să genereze o comunicare temporală) cu un personaj istoric, astfel încât să îl determine să ia o altă decizie decât aceea pe care a luat-o și care a fost consemnată în documentele istorice. Dacă îl va determina să ia acea decizie, consecința va fi că, într-o anumită măsură, cursul istoriei a fost modificat. În aceasta constă complexitatea cunoașterii în acest caz: cel ce intenționează să producă o astfel de modificare, trebuie să știe că va reuși să îl determine pe respectivul personaj istoric să ia o altă decizie decât aceea pe care a luat-o, numai dacă va putea să coreleze informațiile transmise cu energiile și substanțele locului și epocii în care se găsește personajul respectiv și numai dacă va ști să coreleze informațiile transmise cu anumite caracteristici ale personajului istoric... Este poate cam greu de înțeles, dar, în acest domeniu al comunicărilor temporale, nimic nu este prea ușor de priceput... Însă cu anumit efort de imaginație, se poate înțelege, totuși...

- Echitatea comunicării temporale. În general, vei primi un mesaj corespunzător mesajului transmis – dacă vei trimite un mesaj prost, vei primi un mesaj prost, dacă vei trimite un mesaj inteligent, vei primi un mesaj inteligent; dacă vei trimite un mesaj înșelător vei primi un mesaj înșelător; dacă vei trimite un mesaj răuvoitor sau binevoitor, vei primi un mesaj răuvoitor sau binevoitor; sunt însă și excepții...

*

→ De subliniat că există o legătură clară între posedare (așa-numitul transfer de personalitate) și comunicarea în timp... Cu alte cuvinte, ”omul posedat” poate fi de fapt, contactat telepatic de către indivizi din viitor sau din trecut... Mai mult, putem presupune că unul dintre exercițiile practicate de către membrii societăților secrete, era acela de a comunica telepatic în timp, iar posedarea, spre exemplu, putea fi un alt exercițiu practicat de acei indivizi...

Să ne închipuim că un anume practicant al ritualurilor secrete, își transfera personalitatea ”prin timp”, adică intra în conștiința unui individ oarecare din trecutul sau din viitorul său, cu alte cuvinte, ”poseda” trupul și psihicul acestuia... iar psihiatrii, încercau tot felul de tratamente, crezând că nu este decât o boală psihică... De fapt putea fi vorba de ceva mult mai grav... Și anume de un fel de contact temporal...

Totuși, nu vreau să generalizez și să spun că toate cazurile de posedare sunt efecte ale comunicărilor temporale... Unele dintre aceste cazuri de posedare însă, POT FI considerate ca fiind CONSECINȚE ale acestora...

*

→ Un lucru foarte important care ar trebui studiat, este raportul dintre comunicarea temporală și sensibilitate... Ar trebui stabilit care ar fi limitele de la care se poate vorbi de comunicare temporală conștientă și respectiv ce tip de sensibilitate ar fi implicată (sensibilitate vizuală, auditivă, tactilă, etc.).

*

→ Există o mare varietate de comunicări sau de contacte temporale. Iată câteva tipuri...

- contacte directe: de la o persoană la alta, de la o conștiință la o altă conștiință;

- contacte indirecte: se realizează prin intermediul altei persoane (prin intermediul altei conştiinţe);

- contact unilateral: o persoană comunică numai cu o singură persoană (o conştiinţă transmite un mesaj altei conştiinţe);

- contacte multiple: un individ poate comunica un mesaj mai multor indivizi;

- contacte sporadice, repetate, unice: se pot transmite doar câteva mesaje la intervale mai mari sau mai mici de timp sau numai un singur mesaj;

- contacte stricte sau nestricte: se pot transmite mesaje destinate numai unei anumite persoane sau dimpotrivă, unei persoane oarecare;

- contacte totale: implică mesaje care constau într-o succesiune de cuvinte, imagini, sentimente, sunete, mirosuri, gusturi...

- contacte parţiale: implică mesaje care constau într-o succesiune de cuvinte sau de imagini sau de simboluri;

- contacte intenţionate: se pot transmite mesaje cu un scop precis;

- contacte neintenţionate: se pot transmite mesaje fără un scop precis.

Toate aceste contacte pot fi continue sau discontinue... Cu alte cuvinte, contactele temporale pot suferi diverse perturbaţii într-o măsură mai mică sau mai mare sau chiar pot fi întrerupte din diverse cauze...

*

→ Cum se poate demonstra, aşadar că există, fără nici un fel de dubiu, comunicarea temporală ? Respectiv cum se poate demonstra că există comunicarea în trecut sau în viitor cu sine însuşi şi comunicarea în trecut sau în viitor cu alţii ?

Trebuie să spun că, după opinia mea, comunicarea temporală există şi se poate manifesta în orice clipă, numai că nu toţi oamenii sunt dispuşi să o recunoască... Faptul că cineva NU CREDE că există comunicarea temporală, aceasta este chivalent cu A REFUZA să comunice în timp !... Individul, de fapt, NU DOREŞTE să comunice în timp !... Dar, nu este mai puţin adevărat că există şi multe riscuri în acest tip de comunicare... Dacă vei comunica ceva cu altcineva (din trecut, din viitor...), vei putea fi influenţat de acesta şi nu vei putea sesiza influenţa, va trebui ca, în cadrul comunicării, să transferi şi o anumită energie, iar transferul acesta de energie s-ar putea să te epuizeze... Dacă vei comunica în timp cu tine însuţi, te vei putea influenţa, vei putea declanşa modificări ale timpului, ceea ce ar putea fi foarte riscant... Aşa încât, cel mai prudent ar fi să nu declanşezi procesul acesta denumit "comunicare temporală"... Aceasta o poți face foarte bine, pur și simplu... "necrezând că el există". În antichitate nimeni nu știa, nimeni nu credea că există energia atomică... Și a fost poate mai bine, întrucât datorită... acelei... neștiințe sau necredințe, au fost evitate urmările îngrozitoare ale exploziilor bombelor atomice sau ale centralelor nuclearoelectrice... Pe de altă parte este și un argument foarte simplu și anume că, din moment ce există un fel de comunicare în trei dimensiuni (în spațiu), nimic nu ar împiedica o comunicare în patru dimensiuni (în spațiu și timp), decât poate, propria noastră ignoranță...

*

→ În ceea ce privește cercetarea standard a comunicării temporale, aceasta ar putea urma etapele obișnuite:

- Etapa pregătitoare – studiu, prelucrare de date, strângerea de informații...

- Etapa teoretică – include, printre altele, elaborarea de ipoteze, de modele, de scenarii, include de asemenea, răspunsul la diverse întrebări cu caracter general...

- Etapa practică – se referă la observație și la experiment; trebuie să observi și să TE observi, trebuie să experimentezi și să emiți tot felul de idei...

Alte aspecte:

- Elaborarea strategiei de cercetare – care include printre altele corelarea dintre exigențele impuse de rezultatele din etapele: pregătitoare, teoretică și practică și obiectivele pe care ți le impui...

- Aplicarea unor metode exotice de cercetare, printre care ar fi de amintit, ceea ce se numește... *dedublarea* sau "călătoria în astral" (care este o modalitate de comunicare temporală și de călătorie în timp)...

- Formarea unei astfel de conștiințe, a unei astfel de personalități care, cel mai bine, se poate caracteriza prin cuvintele... " învață să te aștepți la orice și să reacționezi în consecință..." sau altfel spus,... "adaptează-te la orice..." , sau într-un singur cuvânt... "supraviețuiește ! "...

În altă ordine de idei, pot să dau un exemplu, referitor la aplicabilitatea cercetării...

Retrăirea unor momente fericite... Într-adevăr, poți comunica în timp, cu tine însuți, astfel încât să revii la anumite stadii ale vieții tale, în anumite momente, când ai fost fericit, satisfăcut, bucuros, vesel... Sau să îți "revezi" părinții, rudele, prietenii... De altfel, sunt unele persoane care afirmă că au avut, de-a lungul vieții lor, un... anumit sentiment denumit... "supraveghere", au simțit că sunt controlați de cineva invizibil ! De fapt, erau ei înșiși... Era... aceeași persoană, aflată însă, cândva, în viitor, care se întorcea în trecut... Adică, persoana care avea sentimentul acesta de... "supraveghere", simțea de fapt următorul lucru: cândva, în viitor, se gândea și vizualiza... trecutul, se gândea la sine însuși, cum era în trecut... Dar atunci, când era în prezent, (pentru cel din viitor, prezentul a devenit trecut), nu putea ști, nu putea concepe că de fapt, se supraveghea pe sine însuși... Tu, persoana din viitor te vezi pe tine, cel din trecut, iar cel din trecut, sesizează asta !... Așadar, acest sentiment denumit "supraveghere", arată că sunt persoane care încearcă că comunice cu sine însuși... Dar mai este ceva... Întoarcerea aceasta în trecut este destul de riscantă, pentru că există de obicei tentația de a modifica trecutul, iar odată modificat trecutul, se declanșează sau se creează instantaneu o LUME POSIBILĂ în care te poți integra, iar vechea realitate se poate pierde...

Așa încât, este întotdeauna de dorit să existe prudență ! Cine este prudent, este și înțelept... Dar și mai înțelept este... OMUL CURAJOS !...

*

→ Oare comunicarea în timp reprezintă un eveniment rar sau frecvent în viața oamenilor ? În definitiv, ce înseamnă... eveniment rar ? Ce înseamnă... eveniment frecvent ? Putem considera că un eveniment rar reprezintă acel eveniment care se produce odată sau de două ori în decursul vieții unui om, iar evenimentul frecvent ar fi acel eveniment care s-ar produce de mai multe ori pe zi și apoi, în continuare, în fiecare zi din viața unui om... Astfel de evenimente lente sau frecvente, ar fi percepute sau conștientizate de către un om oarecare ?...

Este o întrebare interesantă... Ei bine, iată o situație ciudată: s-ar părea că, în general, atât evenimentele rare și foarte rare, cât și evenimentele frecvente și foarte frecvente, fie că NU sunt percepute sau nu sunt conștientizate de către oameni, fie că sunt uitate imediat, fie că sunt memorate pentru o foarte scurtă perioadă de timp și apoi uitate, fie că sunt ignorate de către conștiință...

Numai evenimentele cu o apariție medie (așadar nici foarte rare dar nici foarte frecvente) vor putea fi percepute sau conștientizate...

(În figura 2.15. se prezintă un grafic referitor la acest aspect).

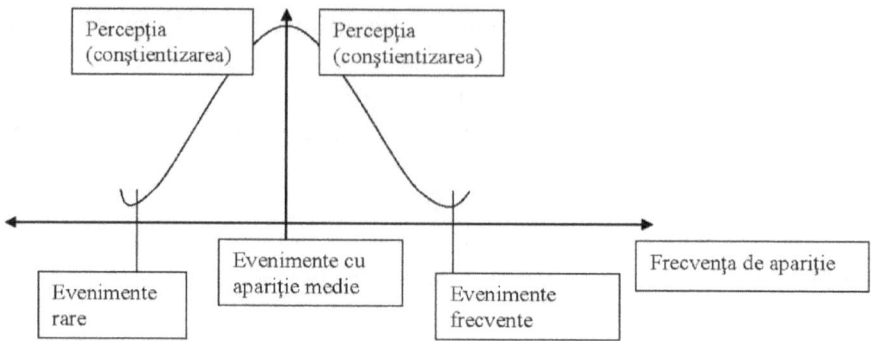

Figura 2.15. Raportul dintre frecvența de apariție a evenimentelor și percepția sau conștientizarea acestora

Ca urmare, dacă frecvența comunicărilor temporale este foarte rară sau dimpotrivă este frecventă, atunci comunicările temporale nici nu vor putea fi conștientizate ! Dacă însă frecvența comunicărilor temporale este medie (de câteva ori pe an, să zicem), acestea, vor putea fi conștientizate sau percepute... Altfel spus, individul va fi conștient că a avut o comunicare temporală cu cineva...

Ceea ce se și întâmplă, de fapt în cadrul societăților secrete, dar această situație trebuie întreținută prin diverse procedee știute de către cei inițiați...

Sunt însă și excepții, datorate în special intensității unui anumit eveniment. Astfel, un eveniment rar care este intens (adică are un impact deosebit asupra unor regiuni de pe planetă spre exemplu sau care influențează alte evenimente) poate fi perceput imediat și memorat pe o perioadă lungă de timp. La fel și în cazul unui eveniment frecvent și intens... În schimb evenimentele cu apariție medie dar cu intensitate mică, pot să nu fie percepute ! Așadar, în percepția sau conștientizarea evenimentelor, intensitatea acestora joacă un rol important...

*

Oare toți oamenii pot să comunice cu alți oameni din alte timpuri ? Da, în principiu toți oamenii pot comunica orice cu alți oameni din alte timpuri... DAR nu înseamnă că o și fac... vreodată... Numai unii oameni comunică – frecvent sau rar, depinde - cu alți oameni din alte timpuri... Sunt așa-numiții **comunicatori temporali** care au un anumit rol în supraviețuirea omenirii...

*

→ Unii oameni se pot întreba: în definitiv ce să se comunice în timp ? De ce să se comunice în timp ? Cum să se comunice în timp ?

Ce să se comunice ? Ei bine, se poate transmite orice – idei, informații diverse, opinii diverse, stări afective sau emoții și sentimente diverse, imagini, proiecte; se pot semnala pericole; se poate atrage atenția asupra unor erori; se poate cere ajutorul și chiar se poate ajuta (într-un anumit fel și între anumite limite)...

De ce să se comunice ? Pur și simpu, pentru că altfel nu se poate... Dacă cineva vrea să existe pentru altcineva, trebuie să comunice... În acest Univers, se pare că este necesar să comunici pentru a putea exista ! Comunicarea este o formă a existenței !... Pe de altă parte, nici nu trebuie să se exagereze totuși...

Sunt și ființe care nu comunică... Fie pentru că nu vor, fie pentru că nu pot să comunice... Aceste ființe NU EXISTĂ însă pentru alte ființe... Sau dacă totuși există, ele devin, pentru ființele respective, niște... enigme...

Cum să comunice ? Ei da, această întrebare este dificilă ! Există mai multe moduri de a comunica... Dar, înainte de orice, pentru a putea comunica, trebuie să existe un limbaj comun sau o modalitate de a transmite informația care să fie acceptată atât de cel ce emite informația cât și de cel ce recepționează informația... Dacă cineva din acest secol dorește să comunice cu altcineva din trecut, de acum un mileniu, să zicem, trebuie să stabilească mai întâi un contact anumit și apoi să stabilească o modalitate comună de comunicare (un limbaj comun, un anumit fel de exprimare)... Inițial însă, se pot transmite imagini – din prezent spre trecut și din trecut spre prezent... Apoi, se poate trece la stabilirea unui anumit limbaj comun...

Acestea ar fi niște răspunsuri posibile la întrebările pe care și le pun unii oameni, referitor la câteva aspecte privind comunicarea temporală...

*

→ Există oare vreo legătură între... comunicarea temporală, creierul global și controlul minții ?... Mai întâi însă este bine să lămuresc ce înțeleg prin... creierul global... După opinia mea, toate creierele umane – de la începutul omenirii și până la sfârșitul ipotetic, deocamdată, al acesteia, formează un așa-numit CREIER GLOBAL sau HIPERCREIER... În acest ansamblu spațio-temporal, nenumărate creiere, răspândite în spațiu și timp, sunt interconectate într-un anumit mod... Folosind o analogie pentru a putea înțelege, să ne gândim la conectarea neuronilor dintr-un anumit creier - tot aşa şi creierele însăşi pot fi conectate în spaţiu dar şi în timp, într-un anumit fel...

După cum se pare , sunt patru tipuri de conexiuni între... creiere:

> conexiune simplă, de genul "a fi într-un anumit loc şi la un anumit moment" sau... "nu poţi fi în mai multe locuri, în acelaşi timp"... sau "nu poate exista în acelaşi loc şi în acelaşi timp mai multe obiecte"...

> conexiune spaţială, de genul... " a fi în acelaşi timp, în mai multe locuri" (cunoscut în parapsihologie prin denumirea "bilocaţie" sau în general "multilocaţie")...

> conexiunea temporală, de genul... "a fi în acelaşi loc dar în timpuri diferite" sau "poţi străbate timpul, dar rămânând pe loc... (conexiunea este cunoscută în parapsihologie sub diverse denumiri, cum ar fi "clarviziune" sau "regresie temporală")...

> conexiunea complexă, de genul... "a fi simultan în locuri diferite şi în timpuri (sau momente) diferite"...

Pe lângă aceste conexiuni mai sunt şi altele care au permis omenirii să supravieţuiască şi deci să evolueze, dintre care amintesc: conexiunea genetică sau ereditară; conexiunea economică şi socială (realizată evident prin structuri şi sisteme specifice – producţie de bunuri materiale, relaţii şi schimburi de produse, etc.); conexiunea ecologică (relaţiile cu mediul de viaţă, diferite interacţiuni); conexiunea culturală (realizată prin limbaj, mituri, religie, artă...).

Evident că dacă admitem existenţa CREIERULUI GLOBAL, adică dacă admitem că oamenii, au fost şi sunt conectaţi oriunde, oricând şi în oricâte moduri, atunci putem să admitem implicit şi existenţa necesară a comunicării temporale, şi mai putem admite, implicit şi altceva şi anume, următoarea idee: CREIERUL GLOBAL, REALIZEAZĂ O CIRCULAŢIE COMPLEXĂ A INFORMAŢIEI... Şi ar mai fi ceva, şi anume că DIMENSIUNEA A CINCEA A UNIVERSULUI, ar putea fi cunoscută sau sesizată de către CREIERUL GLOBAL !... Dar, dacă există... CREIERUL GLOBAL, atunci aceasta poate că mai implică ceva, şi anume, controlul minţii !... Asta mai presupune şi influenţa temporală ! Anumite persoane pot influenţa alte persoane aflate în epoci diferite ! Astfel, unii oameni situaţi într-un anumit prezent, îi pot influenţa pe alţi oameni din trecutul lor, sau invers pot fi influenţaţi de către oameni din trecutul acestora ! La fel unii oameni situaţi într-un anumit prezent, îi pot influența pe alți oameni din viitorul lor, sau invers, pot fi influențați de oameni din viitorul acestora !

Chiar mai mult, unii oameni aflați undeva într-un anumit trecut, pot să influențeze pe alți oameni aflați, undeva în viitor sau invers... Spre exemplu, niște preoți din Egiptul antic, pot să influențeze pe alți oameni aflați în viitorul lor, să zicem niște oameni din secolul al XX-lea... Dar este posibil și invers... Preoții respectivi, pot fi influențați de către niște oameni inițiați aparținând unor... societăți secrete, să zicem...

Schematic, se poate reda în figura 2.16 aceste posibilități...

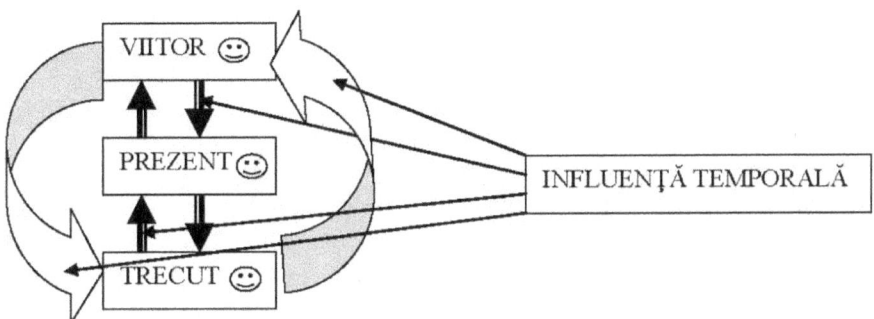

Figura 2.16. Influența temporală – din prezent către trecut și viitor sau invers și din trecut spre viitor sau invers...

*

→ Comunicarea temporală și eterna reîntoarcere...

Să te reîntorci în trecut, chiar în momentul nașterii tale și apoi să retrăiești viața... Să retrăiești identic viața ! Sunt unii oameni care chiar cred asta... Ei chiar cred că viața noastră o retrăim de nenumărate ori... Este, dacă nu mă înșel... mitul eternei reîntoarceri... Ne naștem, trăim viața - cu dureri, cu bucurii, apoi murim, apoi iar ne naștem și reluăm viața la fel... Numai că nu ne dăm seama... Nu știm, nu suntem conștienți că retrăim viața de nenumărate ori... Așa să fie oare ?... Cred că ar fi o posibilitate... Poate că sunt unii oameni care se reîntorc în trecut și care preferă să schimbe câte ceva în viața lor... Se nasc din nou, dar nu mai retrăiesc viața la fel și fac ceva, astfel încât să devină mai buni, să evite greșelile, să învețe, să evolueze, să devină mai generoși... Poate că sunt unii oameni care... comunică în timp cu ei înșiși sau cu alții și astfel poate că devin mai înțelepți...

Probabil că sunt unii oameni care nu se mai reîntorc în trecut, care nu comunică nici cu ei înșiși, nici cu alții, pentru că ei au crezut că după moarte nu mai urmează nimic, au crezut că nu este posibil să comunice în timp, au crezut că totul se rezumă numai la un anumit moment și la un anumit loc... Ei bine, au avut parte de... ceea ce au crezut...

Fiecare va avea parte de ceea ce va alege, de ceea ce va crede, de ceea ce va decide să facă în viață, de ceea ce va spera... Dar această afirmație nu este universal valabilă ! Sunt mulți copii și tineri, oameni maturi sau bătrâni care au murit în accidente groaznice ori au fost distruși de diverse boli... Despre aceștia, ce se poate spune ? Ce au putut aceștia să aleagă, să creadă, să decidă, să spere ?

Cel mult pot să îmi închipui că într-o LUME POSIBILĂ aceștia au avut parte de un alt destin !...

Și încă ceva... Mărturisesc că îmi este greu să scriu... Cu toate astea o voi face și îmi voi asuma riscul de a scrie, pentru că este ceva... fabulos... Iată despre ce este vorba...

Despre viața alternativă

Mai consemnez aici o idee care ia în considerare atât ipoteza referitoare la eterna reîntoarcere cât și aceea referitoare la LUMILE POSIBILE, o idee pe care am denumit-o eterna reluare neidentică a vieții (sau viața alternativă)...

Ipoteza referitoare la eterna reîntoarcere se referă fie, în general, la repetarea identică, la infinit, a evoluției Universului (Universul parcurge identic aceleași stări), fie, în particular, la repetarea identică a vieții unei persoane... Astfel, un individ se naște, trăiește, moare, apoi iar se naște, trăiește apoi identic, iar moare și tot așa, la infinit... Dar dacă, am presupune că reluarea vieții la infinit nu este identică, ci este diferită ? De fiecare dată când se naște va trăi o altă viață, oarecum diferită de precedenta... De fiecare dată când se naște, se generează instantaneu o LUME POSIBILĂ și va trăi apoi în acea LUME POSIBILĂ... Astfel încât, un individ poate avea un număr nedefinit de vieți... Într-o viață, să zicem, a trăit o sută de ani, a fost bolnav, a muncit, a luptat, etc., a murit, dar s-a născut apoi din nou (s-a reîntors, s-a reîncarnat), dar prin aceasta a generat o LUME POSIBILĂ, și în această LUME, a trăit numai douăzeci de ani, dar a fost fericit în acești ani, apoi reia viața...

Dar o reia, accentuez, într-o altă LUME POSIBILĂ !...

Cred că această idee, pare să sugereze că de fapt EXISTENȚA este cu adevărat extrem de complexă... Și în plus, paradoxal poate, dar ideea aceasta a eternei reluări neidentice a vieții, NU SE POATE

DOVEDI, cel puțin deocamdată... Pentru că tot ceea ce ar fi de așteptat să se spună despre această multitudine de vieți ale unui individ, este inexprimabil...

*

→ *Câteva clarificări...*

Este, cred, util să sintetizez și să clarific, într-o anumită măsură, câteva dintre considerațiile referitoare la HIPERTIMP și LUMILE POSIBILE... Așadar, timpul multiliniar (sau HIPERTIMPUL) se poate defini ca un... timp cu mai multe prezenturi, cu mai multe viitoruri, cu mai multe trecuturi, ceea ce înseamnă, mai multe LUMI POSIBILE, așadar înseamnă că, în afară de LUMEA REALĂ (considerată ca fiind REALĂ de către o anumită conștiință), sunt și nenumărate ALTE LUMI !

Timpul multiliniar poate fi de două tipuri:

→ **Timpul multiliniar simplu** – "timpul care se bifurcă" – figura 2.17.

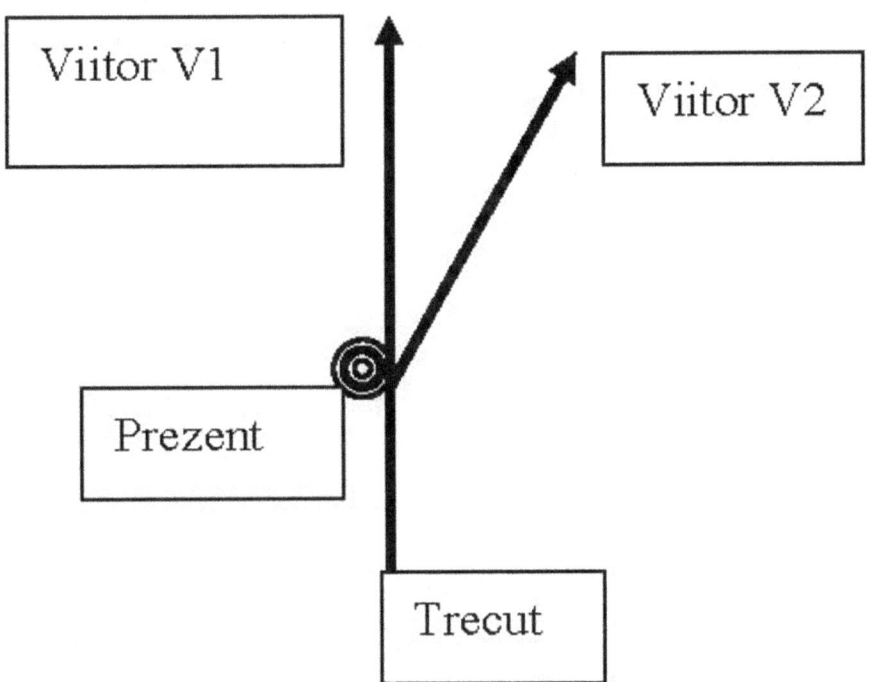

Figura 2.17. Schemă intuitivă reprezentând ideea de " TIMP BIFURCAT"

Bifurcarea timpului poate avea loc, spre exemplu, în situaţia în care se produce un eveniment, ceea ce înseamnă că evenimentul va avea anumite consecinţe (adică va avea un anumit viitor, V1); DAR la fel de bine, s-ar putea ca acel eveniment să nu se producă, ceea ce înseamnă, în acest caz, un alt viitor, V2 ! Asta înseamnă, de fapt DOUĂ LUMI POSIBILE – lumea în care evenimentul s-a produs şi lumea în care evenimentul nu s-a produs ! Totuşi, trebuie să subliniez că, generarea LUMILOR POSIBILE nu se produce oricum... Bineînţeles, cred că exclamă satisfăcut, un critic arogant şi pus pe glume, bineînţeles că nu, nici nu se putea altfel ! LUMILE POSIBILE, se pot genera poate, cel mult în mintea dumitale, dar nu oricum, bineînţeles... Ei bine, dragă domnule, da, în aroganţa dumitale, ai arătat ceva important...

Da, LUMILE POSIBILE, la fel ca şi REALITATEA, se prefigurează mai întâi în mintea mea, a dumitale, a oricărei fiinţe conştiente !... Nu se poate altfel... REALITATEA sau LUMEA POSIBILĂ este sesizată sau percepută de către o anumită minte, de către o anumită conştiinţă ! Grecii sau romanii din secolul întâi, oare sesizau sau percepeau lumea particulelor elementare, sau lumea virusurilor ?... Şi chiar şi astăzi, aceste lumi nu pot fi percepute decât de anumite minţi pregătite pentru a le conştientiza, nu de către oricine şi în special nu de către dumneata, stimate critic arogant...

În sfârşit, să îl lăsăm pe minunatul nostru critic în lumea lui plină de certitudini şi să mergem mai departe...

Aşadar, LUMILE POSIBILE, se pot genera, doar în două situaţii:

a) Situaţia de tip ”amplificare” – în care evenimentul poate fi unul minor, dar care prin urmările pe care le poate avea se amplifică (situaţii de genul avalanşelor, sau de genul ”efectul butterfly” - efect fluture), în acest caz se va produce O LUME POSIBILĂ; dacă însă evenimentul este minor, fără urmări deosebite, atunci nu se va declanşa generarea LUMILOR POSIBILE !

*[În teoria haosului, **efectul fluture** este dependenţa sensibilă de condiţiile iniţiale, în cazul în care o mică schimbare într-un loc din cadrul unui sistem neliniar poate duce la diferenţe mari de la o stare la alta, mai târziu; numele de efect fluture, inventat de Edward Lorenz , este derivat din exemplul teoretic de formare a unui uragan dacă un fluture îndepărtat ar flutura aripile cu câteva săptămâni înainte; deşi efectul fluture poate părea a fi un comportament neobişnuit şi ezoteric, el este expus de sisteme foarte simple: de exemplu, o minge plasată la creasta unui deal s-ar putea rula într-una din mai multe văi, în funcţie*

de   mici   diferențe   în   poziția   inițială.
(http://en.wikipedia.org/wiki/Butterfly_effect)]

b) Situația de tip "catastrofă", în care se produce O LUME POSIBILĂ ! Toate catastrofele generează LUMI POSIBILE. De ce toate astea ? Pentru că orice eveniment implică sau conține în sine informație și energie, într-o anumită cantitate... Alte evenimente conțin în plus și o anumită cantitate de substanță... Orice eveniment de mare intensitate de genul catastrofelor, înseamnă sau implică, o modificare a unei structuri... Un seism de mare intensitate, de pildă, este o catastrofă, este un eveniment care conține o mare cantitate de energie și de informație, seismul fiind capabil să modifice anumite structuri – să dărâme clădiri, să omoare oameni și animale, etc., toate astea înseamnă așadar, modificarea unor structuri...

Așadar, astfel de evenimente, pot să genereze LUMI POSIBILE (adică o lume în care astfel de evenimente să se producă și respectiv o altă lume în care să nu se producă – altfel spus să se declanșeze o bifurcare a timpului...). Ar mai fi de menționat că bifurcarea timpului poate avea loc la orice nivel al realității – de la nivelul particulelor elementare și până la nivelul galaxiilor spre exemplu...

În sfârșit, mai trebuie spus că orice LUME POSIBILĂ se va genera numai dacă există un anumit nivel de energie (energie critică); dacă acest nivel de energie nu există, atunci LUMEA POSIBILĂ, NU SE VA GENERA !...

> **Timpul multiliniar complex** - " timpul care se ramifică" – figura 2.18.

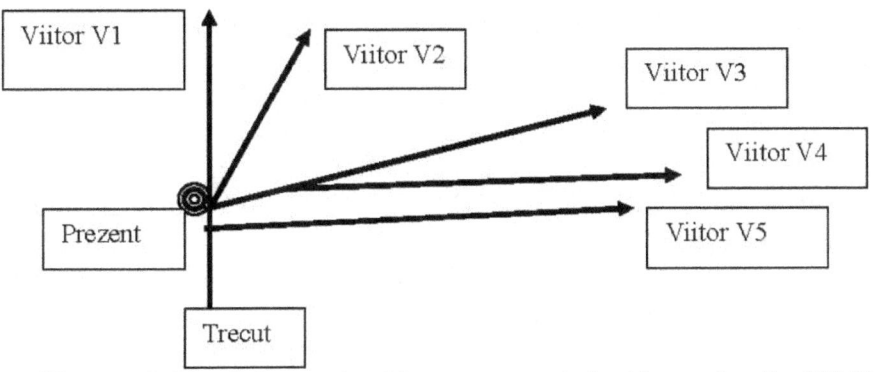

Figura 2.18 Schemă intuitivă reprezentând ideea de " TIMP RAMIFICAT"

Ca și în situația precedentă (bifurcarea timpului) și în această situație, un eveniment se poate produce sau nu și în consecință poate genera două LUMI POSIBILE (respectiv pot există două viitoruri, V1 ȘI V2, corespunzătoare situațiilor în care se produce sau nu evenimentul), DAR, mai pot exista și alte posibilități, în afară de acestea, ceea ce va implica alte viitoruri, V3, V4, V5, respectv alte LUMI POSIBILE... Cu toate acestea, generarea LUMILOR POSIBILE, și în această situație, este dependentă de realizarea anumitor condiții...

Pentru a fi și mai clar, cred că este util să prezint următoarea situație...

Să presupunem că cineva este pus să aleagă între următoarele posibilități: fie să plece din țara în care s-a născut și să se stabilească în altă țară, fie să rămână în țară... Se vor genera... LUMI POSIBILE ? Depinde...

Dacă în țara în care se stabilește, va realiza ceva deosebit, cu urmări semnificative (va crea o companie, va inventa ceva, etc.) atunci sunt mari șanse să se genereze LUMI POSIBILE; dacă nu va crea nimic semnificativ, atunci, dimpotrivă, nu sunt prea mari șanse să se genereze LUMI POSIBILE... De ce ? Pentru că, repet, LUMILE POSIBILE se formează NUMAI pentru anumite valori specifice ale informațiilor și energiilor conținute de către un anumit eveniment !

Dacă informațiile și energiile conținute de eveniment nu au valorile specifice (numite și valori critice), atunci generarea LUMILOR POSIBILE nu are loc !... Aceasta, probabil că se datorează raporturilor care există între dimensiunile UNIVERSULUI (întrucât HIPERTIMPUL constituie dimensiunea a cincea a UNIVERSULUI), informație și energie...

Pare ceva incredibil, dar trebuie subliniat încă odată că toate se corelează cu toate, nimic nu este inutil în această EXISTENȚĂ !

Mai trebuie spus încă ceva, de data aceasta, în legătură cu așa numitele EVENIMENTE FUNDAMETALE SAU ORIGINARE... Acestea sunt următoarele:

- EVENIMENTUL PRIMORDIAL – reprezentat de ORIGINEA UNIVERSULUI;

- EVENIMENTELE ORIGINARE - reprezentate de: originea structurilor cosmice (stele, galaxii, sisteme astrale, etc.); originea galaxiei Calea Lactee; originea sistemului solar; originea planetei

Pământ; originea vieții; originea omului; originea conștiinței, originea civilizației... Ei bine, astfel de evenimente de mare amploare, generează LUMI POSIBILE FUNDAMENTALE SAU ORIGINARE...

*

→ S-ar putea călători în... LUMILE POSIBILE (sau cu alte cuvinte în UNIVERSURILE ALTERNATIVE SAU UNIVERSURILE PARALELE) ?

Fred Alan Wolf pare să sugereze un răspuns:

"Se poate să ne trezim în alte lumi în timp ce dormim ? S-ar putea ca, în timp ce dormim, mintea noastră (nefiind ocupată pe deplin cu lumea în care suntem – la urma urmei, visăm) să fie capabilă să perceapă aceste universuri paralele. E doar o speculație, dar cheia pentru a călători într-un alt univers s-ar putea să fie simplitatea minții. S-ar putea ca lumea să aibă prea multe elemente care ne distrag. Poate că ideea este să facem aceste călătorii în alte universuri în vis."

Și mai departe...

„Universurile paralele au efecte unele asupra altora. Noi ne aflăm în toate universurile, simultan."

(Fred Alan Wolf – *„Dr. Quantum și cărticica marilor idei: unde știința se contopește cu spirirtualitatea"*, Editura PRESTIGE, 2010, trad. Cristiana Laura, pag. 47, 48).

O posibilitate ar putea fi reprezentată de așa-numitele „călătorii astrale sau extracorporale" – conștiința se poate separa de corpul fizic și poate fi proiectată dincolo de acesta, putând să exploreze dimensiuni superioare sau Universuri Paralele... Desigur că la prima vedere aceasta nu este decât un basm... Orice om de știință serios ar strâmba din nas, ar pufni și apoi s-ar întoarce la microscopul lui sau la telescopul lui sau la ecuația lui și nu s-ar mai gândi la asta... Însă nu este nici o pagubă că nu acordă nici o atenție acestei probleme... Sunt alți oameni care îi acordă atenție și care chiar experimentează astfel de călătorii astrale, chiar dacă unii renumiți savanți, nici nu vor să audă de așa ceva... Este treaba lor, opțiunea lor, nu au decât să nu creadă, nu au decât să se cufunde în știința lor limitată și prăfuită... Pentru că, ne place sau nu, știința este limitată – este de fapt condiționată de mulți factori (social-istorici, economici, culturali, ecologici și chiar psihologici).

În ceea ce privește călătoriile astrale sau extracorporale, William Buhlman, în cartea sa (*„Aventuri dincolo de limitele corpului fizic: modalități* *pentru a experimenta călătorii extracorporale"*, Editura Infinit, Pitești, 2011, trad. Iulia Olteanu), descrie la un momend dat *„anatomia unei experiențe extracorporale"*. Etapele care se parcurg într-o astfel de experiență sunt:

„1. Etapa vibrațională. În acest punct, vibrațiile energetice ne străbat corpul. Senzații de bâzâit, huruit sau zumzăit, împreună cu stări ocazionale de amețeală sau stări cataleptice (incapacitatea de a ne mișca), însoțesc adeseori aceste vibrații.

2. Etapa de separare. În momentul în care corpul subtil energetic se separă de corpul fizic, în general apare un sentiment distinct de plutire, ridicare sau de rostogolire din cel fizic.

3. Etapa de explorare. Odată ce ne separăm și existăm în mod independent de corpul nostru fizic, noi putem începe să explorăm lumea din planul subtil în care ne aflăm.(...) Datorită structurii sale subtile, corpul nostru energetic este foarte receptiv la puterea gândului.

4. Etapa de revenire. Revenirea (reintegrarea corpului subtil energetic în corpul fizic) apare în mod automat atunci când doar ne gândim la corpul fizic."

(Pag. 148, 149)

Ei bine, se pare că se pot face călătorii în Universurile Alternative folosind această modalitate. De ce ? Trebuie subliniat că Universurile Alternative nu sunt incompatibile între ele, există în definitiv o anumită legătură, o conexiune subtilă între ele, conexiune care permite în principiu o astfel de călătorie dintr-un Univers Alternativ în altul... În definitiv, totalitatea Universurilor Alternative și a Universurilor Paralele, care sunt de fapt varietăți de Universuri Cuadridimensionle (cu patru dimensiuni), formează, o parte din Universul Cvintadimensional (cu cinci dimensiuni) sau Multiversul... În fine totalitatea Universurilor cu oricâte dimensiuni formează Marele Univers sau Hiperuniversul... Așa încât, ceea ce pot să afirm în acest moment este că există un mare domeniu de cercetare pentru toți cei dornici de a elucida unele mistere ale acestei lumi...

Tot Fred Alan Wolf mai face o observație importantă:

"Eu sugerez că pur și simplu, s-ar putea ca întreg creierul să funcționeze într-un mod mai colectiv decât ne-am gândit noi până acum..."

(Fred Alan Wolf – *„Dr. Quantum și cărticica marilor idei: unde știința se contopește cu spiritualitatea"*, Editura PRESTIGE, 2010, trad. Cristiana Laura, pag. 127).

*

→ Ar mai trebui menționat, măcar în treacăt, că a existat un aparat numit *cronovizor* cu care, se zice, s-ar fi putut urmări diverse evenimente sau personaje istorice, ca și cum cineva ar fi văzut un film... în relief... Acest aparat ar fi fost inventat cândva, în anul 1952, de către un anume părinte Pellegrino Ernetti...

Iată ce scrie în articolul *"Cronovizorul – uluitorul aparat de filmat trecutul"*, scris de Robert Trif (10/12/2010, apărut în http://dezvatatorul.blogspot.com/2010/10/cronovizorul-uluitorul-aparat-de-filmat.html) :

"Cronovizorul captează imagini din trecutul apropiat sau îndepărtat sub forma unor holograme proiectate într-un spațiu cilindric."

Această mașină de vizualizat trecutul a fost distrusă sau a fost dezasamblată, după un timp... Că a existat sau nu, nimeni nu știe cu absolută certitudine... Nu există decât o serie de mărturii... Cine dorește să creadă, nu are decât...

Însă oricine se poate întreba: oare cum ar putea fi construit un astfel de aparat ?... Francois Brune, în cartea *"Cronovizorul: uluitorul aparat de filmat trecutul"* (Editura Firul Ariadnei, 2005, București, trad. Dan I. Bozanu), încearcă să ne lămurească...

"Era constituită (mașina aceasta denumită cronovizor) din trei elemente. Primul bloc conținea o mulțime de antene pentru a capta toate lungimile de undă posibile și imaginabile. Antenele erau făcute din aliaje conținând toate metalele și erau unite între ele. Al doilea bloc reprezenta un selector care acționa cu viteza luminii. Se putea regla într-un fel de circuit închis, stabilind locul, data și persoana alese de noi. Persoana era apoi urmărită peste tot. În sfârșit, a treia parte era pur și simplu o cameră de luat vederi care permitea înregistrarea imaginilor și sunetelor obținute." (Pag. 24, 25)

Chiar dacă această mașină a existat sau încă mai există, dar este ascunsă cine știe unde, în lumea asta mare, este totuși greu de crezut că ar fi structurată așa cum este descrisă în cartea citată...

Dacă ar fi așa, orice savant sau orice grup de cercetători ar putea să o recreeze...

Nu ar trebui decât să realizaze niște antene folosind tot felul de aliaje care să conțină toate metalele, apoi să construiască un... selector (cu toate că nu este descrisă structura unui selector, nu ar trebui să constituie o problemă prea dificilă pentru niște savanți ingenioși) și, în sfârșit, ar mai trebui realizată, sau cumpărată de la un magazin oarecare, o cameră de luat vederi... Oare ce ar fi mai simplu ? Numai că nimeni nu a mai realizat performața părintelui Ernetti și a grupului său... De ce oare ?

Dar, poate că mai sunt și alte metode sau posibilități de a vizualiza trecutul, dar și viitorul – iar comunicarea temporală se numără printre acestea... Şi ar fi ceva mai uşor de realizat...

Dar mai este de remarcat, ceva... Chiar şi în cazul acestui aparat, rolul persoanei alese de cei care utilizează cronovizorul este esenţial. Acei oameni care urmăresc imaginile, le urmăresc tocmai datorită acelei persoane !... Adică nu realizează decât o variantă de comunicare temporală... Ei văd şi aud cu ochii şi urechiile acelei persoane alese... Numai că este o comunicare unilaterală... Primesc nişte informaţii din trecut şi nu oferă nimic în schimb... Sau poate că oferă ceva, însă nu îşi dau seama... Poate energie, poate alte informaţii... Este imposibil ca obţinând informaţii (sub formă de imagini sau sunete) din trecut, acel trecut să nu fie perturbat... Între a privi nişte peisaje în prezent şi a privi nişte peisaje... provenite din... trecut, diferenţa este esenţială... Trebuie să se cedeze altceva echivalent... dacă nu, se perturbă trecutul !

Poate că tocmai de aceea utilizarea acelui aparat a fost sistată... Poate... Cine ştie ?...

*

→ Mi se pare interesant de semnalat următorul aspect şi anume o eventuală legătură între comunicarea temporală şi constrângerile sau libertăţile sociale... Mă pot întreba: oare o societate totalitară poate favoriza o comunicare temporală sau mai degrabă o societate anarhică sau mai degrabă o societate liberală sau democratică ? Din câte îmi dau seama, din ceea ce am citit şi am studiat, s-ar părea că, în general, o constrângere puternică poate determina o comunicare temporală dar, în egală măsură, comunicarea temporală poate fi determinată şi de o relaxare profundă... În general, stările medii (adică atunci când oamenii veghează, se distrează, desfăşoară anumite activităţi), NU sunt favorabile comunicărilor temporale !

De ce ? Explicaţia pare să fie următoarea: pe de o parte datorită "principiului conservării" (fiecare fiinţă caută să supravieţuiască) şi atunci când există o constrângere puternică sau o agresiune care tinde să-i pericliteze existenţa, fiinţa caută să supravieţuiască prin orice mijloace, inclusiv prin iniţierea unei comunicări temporale (pentru a solicita un ajutor indiferent din partea cui ar veni), iar pe de altă parte, datorită principiului optimizării (fiecare fiinţă caută să fie fericită), iar atunci când există o maximă relaxare, fiinţa îşi realizează această fericire, adică atinge punctul culminant al existenţei sale, dispune aşadar de o anumită energie care îi permite să realizeze o comunicare temporală.

(Este ca și cum ar transmite tuturor ființelor, un mesaj de genul...

"... fiți atenți, nu mă atacați, sunt fericit, am foarte multă energie, vă rog să mă lăsați în pace, trăiți și voi, dar lăsați-mă și pe mine să trăiesc...").

Evident că nu întotdeauna când cineva este supus unei constrângeri puternice sau este foarte relaxat se realizează o comunicare temporală, însă probabilitatea de a se realiza o comunicare temporală crește în situații de stres puternic sau de relaxare profundă... Așadar, constrângerea stimulează căutarea unor mijloace de supreviețuire (inclusiv prin contact temporal), iar relaxarea stimulează căutarea unor mijloace de a fi fericit (de asemenea, inclusiv prin contact temporal).

Ca urmare, s-ar putea să existe o legătură între tipurile de societate și comunicarea temporală... O societate totalitară, în care constrângerea socială este maximă, iar libertatea este minimă, ar putea favoriza comunicările temporale.

Spre exemplu, să ne amintim că, în antichitate, existau tot felul de indivizi (regi, împărați, tirani...) care impuneau nenumărate constrângeri societăților pe care le conduceau... Acei indivizi erau însoțiți de tot felul de clarvăzători, adică de indivizi care pretindeau că pot prezice ce se va întâmpla peste un an, peste doi ani sau peste decenii sau peste veacuri... Dar, exceptând unii clarvăzători care nu erau altceva decât niște șarlatani, ceilalți erau de fapt niște indivizi care puteau comunica cu alții indivizi din alte epoci ! Și puteau afla astfel câte ceva despre ceea ce se va întâmpla... cândva.

O societate liberală, în care constrângerea socială este minimă, iar libertatea este maximă, poate de asemenea favoriza comunicările temporale. Orice societate liberală caută ceva nou, ceva deosebit, iar aceasta se poate realiza inclusiv prin comunicare temporală !...

În perioada de trecere de la un tip de societate, la alt tip de societate, în care tensiunile sociale sunt mari, pot exista condiții favorabile pentru a se realiza contacte temporale... Dimpotrivă, societățile în care există o proporție între constrângere și libertate (adică există o constrângere medie și o libertate medie), se pare că nu favorizează comunicările temporale, dar, cu toate acestea, nu le exclude !...

*

Este comunicarea temporală imposibilă ? În definitiv de ce ar fi imposibilă ? Iată ce scrie Henry James Forman în cartea sa "Profețiile de-a lungul secolelor" (Editura Aldo Press, București, 2002, trad.

Diana I. Ivan, pag. 13, 14):

"Un aspect al chestiunii rezidă în ceea ce umanitatea consideră drept imposibil. Știm că nu mai departe decât acum două secole inginerii, de exemplu, demonstrau imposibilitatea unor lucruri atât de banale precum calea ferată; este imposibil ca trenurile să se miște pe niște traverse din lemn nesusținute de nici o zidărie, să atingă viteza de douăzeci sau treizeci de kilometri pe oră fără a zdrobi corpul uman și fără să provoace cele mai rele maladii mentale, nu numai în rândul pasagerilor, ci și în cel al spectatorilor. În Bavaria, au fost ridicate palisade înalte de-a lungul căilor ferate pentru a proteja populația împotriva noului pericol.

Numărul lucrurilor declarate imposibile de către umanitate coincide aproape cu cel al invențiilor și al descoperirilor sale."

"Or, deprinderea de a crede în lucruri greu de înțeles sau neînțelese încă este una dintre cele mai păgubitoare pe care și le-a format umanitatea în timpul lungii sale istorii. Și, din nefericire, atât de multe profeții false i-au însoțit dezvoltarea, încât, chiar și atunci când apăreau unele veridice, erau întâmpinate cu tot atât de puțină încredere și considerație ca și celelalte. Scepticismul este un instinct foarte sănătos; dar, asemenea multor altor activități favorabile, el poate fi și a fost adesea exagerat."

Cred că domnul Henry James Forman are dreptate...

Dar și Jenny Randles are dreptate atunci când afirmă:

"Majoritatea celor învățate în timpul vieții ne duc la ideea că natura timpului ni s-a impus printr-un fel de autoamăgire. Vă spun cu sinceritate, dovezile sugerează că mai degrabă avem a face cu niște nonsensuri. Acum, că am început să ne punem întrebări despre această misterioasă entitate, am început să adunăm niște adevăruri incredibile. În ce privește călătoria în timp, până acum nu există reguli clare, nici bariere insurmontabile. Nimic nu este imposibil."

(Jenny Randles – *"Călătoria în timp - fapte, dovezi, posibilități"*, Editura Lucman, 1998, București, trad. Dorin Preisler, pag. 17. Introducere)

Însă, încă mă mai întreb: cum a fost și încă este posibil ca "umanitatea" să creadă în tot felul de basme, în concepții puerile, în tot felul de inepții și în schimb să nu creadă, la un moment dat, în alte ipoteze sau idei care odată cu trecerea timpului au devenit... realități cotidiene ?

Greu de răspuns, dar... nu imposibil...

CUVÂNT DE ÎNCHEIERE AL AUTORULUI

Am fost foarte bucuros atunci când am scris această carte; aș fi tot atât de bucuros dacă ar sugera idei, vise sau aspirații unor minți generoase, luminate, binevoitoare, inteligente, creatoare, binecuvântate... Dar dacă nu va fi așa, ei bine, nu este nimic... Voi merge mai departe !...

* * *

Mulțumesc pentru atenția acordată.
Cu deosebită considerație,
Constantin M.N. Borcia

TEXTS IN ENGLISH - FEW EXCERPTS

I brought together in this book some reflections about communication time, as well as other issues related to the mystery of life (why and how the appearance of biosferelor galaxies and the evolution of their role or function they have in the galaxies; the effects of their work galaxy); although at this time there is no evidence, and fantasy is evident, however this is not a reason to reject such ideas - simply by observation or experiment equipment is not yet realized. Regarding the communication time can briefly mention the following. Time communication means a contact, a certain connection between two or more persons, between two or more consciousnesses located in different eras. As you know, communicating in space is achieved through language (verbal or in writing, in various signals). Communication in space can also be done by telepathy, as various researchers agreed. Is it impossible to link the more people located in different time, for example, a person somewhere in antiquity and another located somewhere in modern times? Maybe not…

I know it seems absurd that someone … now (or conscience that person present), in this moment, that tells currently seems absurd to communicate with another person, another conscience, another brain, in the past, now … a thousand years, knowing that the person in the past is dead - the brain of the person being decomposed, disintegrated … And so, seems absurd that someone present to communicate with another person in the future who is not born, so and not the slightest inkling of the existence of not looming … how can a person present to give or receive messages from other people in the past or future? Here's a fundamental question!

It is further pointed out that life arose at a time of evolution of the Universe as a result of an optimal balance between energy, substance and information universe ... After creating the optimal balance that life never appeared, but only perpetuated and evolved ... If you could restore such an optimal balance then be repeated emergence of life ... What is the right balance? It remains to be investigated ...

Even if life were synthesized in the laboratory by some scientists, using a highly complex technology, even so, we can say that life has been determined or synthesized, but it can not be said to have appeared! Life appeared only once, sometime in the early universe! ... Then, life was perpetuated and spread! ... Even those scientists who synthesized in the laboratory life, do nothing but perpetuate life ... NOT LIFE MAY APPEAR IN THE UNIVERSE tHAN ONCE! ...

Finally the issue has been addressed and hidden power (ie the issue of paranormal phenomena).

There are several questions that should be answered:

- Why and how did life in the universe and on Earth?

- How does life (or what are the duties of life) in the universe?

- Is one of the tasks may be to convert energy into information and vice versa?

- How is shared life in the universe?

- There is a limit to the diversity of life in the universe and on Earth?

- If life generates paranormal phenomena, then what meaning and significance of these phenomena?

Of course the issue is complex, and the answers to these questions are difficult to formulate ... However, nothing prevents us from dreaming ... And maybe one of these dreams will become reality ... Sometimes distance from dream to reality is only one step

*

This work has an SF - philosophical character, reuniting a bunch of considerations about fundamental aspects of the existence, of knowledge and conscience. Amidst the issues this work approaches, the following may be noted: the causes and occurrence manner of the biospheres within the galaxies, as well as their evolution; the role and function they hold within the galaxies; the effects of their activity within the galaxy etc. ; although at present there isn't practically any observational or experimental background and the degree of imagining things is extreme- this is, however, no argument for rejecting such ideas- it's simply that the observation or experimenting devices have not been made yet.

Life came at a time of evolution of the universe, following an optimal balance of energy, substance and information... After creating that optimum balance, life has not occurred, but only perpetuated and changed (figure 1)...

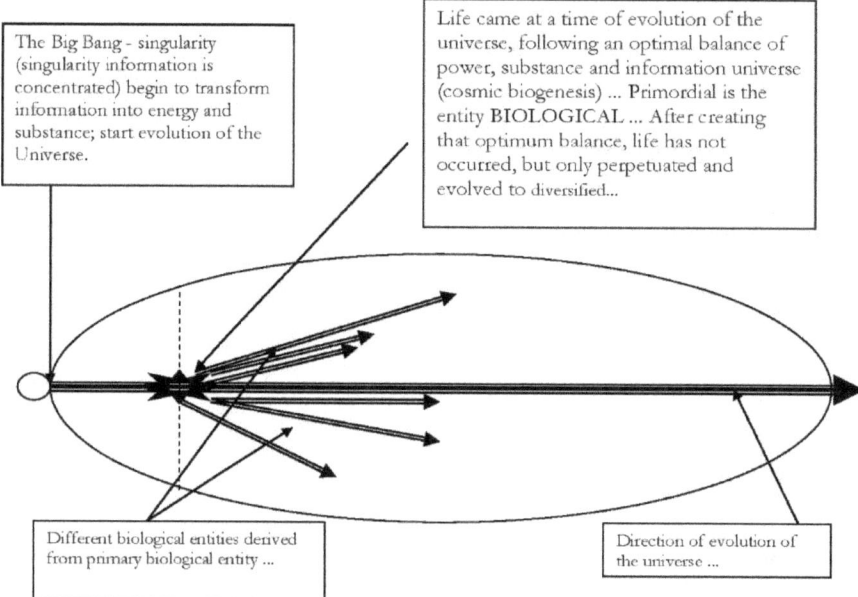

Figure 1 Simplified scheme representing the emergence and evolution of life in the Universe

If you could restore such a balance opim, then repeat the emergence of life can be ... What is the optimum balance? It remains to be investigated ...

Even if life could be synthesized in the laboratory by some scholars, using a highly complex technology, even so, one can say that life has been determined or synthesis, but can not be said to have occurred! Life appeared once sometime in the early Universe! ... Then his life perpetuated and spread! ... Even those scientists who synthesize life in the laboratory, do nothing but perpetuate life ....

LIFE CAN NOT OCCUR ONLY ONCE IN THE UNIVERSE!
...

These hypotheses have been released following my attempts to answer certain critical questions about the existence of life in the Universe, of the Universe itself, on knowledge and on conscience (spirit). It may be objected that those hypotheses belong too much to fantasy, that maybe they are too naïve, or, on the contrary, perhaps impossible to prove- for the moment. Yet, any attempt might be useful, for anyone who is benevolent or free of prejudices.

Conclusion

Therefore, terrestrial biosphere is not unique in the galaxy. Alongside it, the Milky Way galaxy are dispersed in a host of other biosphere. Their role, it seems to ensure a relatively steady internal galaxy relative stability. How they appear, disappear as it develops and as yet little known. In any case, each have specific ways of development and some connections and relationships, both among themselves and with the outer environment. These specific modes of development, linkages and relationship between the biosphere and outer environment may be at least suspected and schematized, logical-mathematical and intuitive prefigured by revelation or exotic (paranormal) real (ie, that pure, honest) - which is a way equally true that knowledge and scientific knowledge Standard. How the biosphere provides balance and stability of galactic (but not the only factor that made galactic balance and stability) is still unknown. Put some questions ... "What occurred terrestrial biosphere, and, generally, other biosphere in the galaxy? What role have biosferele in the context of the entire galaxy? "You can answer that biosferele occurred because of internal needs of the galaxy, serving to ensure a relative balance and relative stability rather to help balance and stability.

*

Astro-biology is mostly a science for the future and refers to the possibility of life existence on others cosmic bodies than the Earth.The occurred issues are: to study the causes and how the biospheres in galaxies appeared, as well as their evolution; their role and function in the frame of galaxies, what effects the biospheres activity has in the galaxies, what are the connections between the biospheres and what is their destiny. It should be specified that the terms of galaxy/galaxies refer to all types of galaxies known until the present, and which are susceptible of allowing the life appearing and conservation. At present, the only biosphere concretely known is the terrestrial biosphere, therefore a biosphere which has appeared and developed on the Earth, in the Milky Way galaxy. Other biospheres are just supposed - on the basis of some calculations and thinking analogically with the study of the terrestrial biosphere.

The fact that until the present there are not concretely known other biospheres and that the terrestrial biosphere is not in contact and does not interact with other biospheres doesn't mean that these biospheres do not exist and the Earth is the only planet that has biosphere. However, supposing that the terrestrial would be the only which exists in the galaxy and in the Universe, then we could ask ourselves: why this biosphere has appeared? If there were favorable conditions for its apparition, why it wouldn't be possible that this kind of conditions don't exist on other planets or cosmic systems too? There occur a lot of questions which can not receive a satisfying answer, so that even if it is possible that the biosphere has appeared only on the Earth, however it is less probably.

In principal and in other ideas order, there are two aspects:

- either the apparition and developing of the terrestrial biosphere (as well as of the others) have not an importance in the frame of the whole galaxy, meaning that the galaxy formation and evolution favored, by the created conditions, the biosphere apparition and developing and that's all; therefore, the biosphere apparition and developing is only possible and not also necessary in the galaxy evolution;

- or, on the contrary, the biosphere apparition and developing is not only possible but also necessary in the galaxy evolution; this thing should be understood not only from the perspective of the fact that, because the galactic conditions of life appearing had occurred, the life has appeared with necessity, but should be understood from a whole perspective, which aims the general galactic structures and processes, respectively the galaxy on the whole. Therefore, the question is: the biosphere, or, generally, biospheres has, respectively have any role, any function in the galaxy?

Until now, this issue wasn't taken into consideration, being considered that the life has appeared, cosmically, because of the fact that there were favorable conditions for its apparition (planetarium, galactic).

So, it has appeared, implicitly, it was both possible and necessary. But it was possible? And why it was necessary? Therefore, have the biospheres appeared as a necessity in the development (evolution and stability) of the galaxies?

Or, on the contrary, the apparition of the biospheres (particularly the terrestrial one) is only the result of favorable conditions on the planet? We could imagine that one of the possible functions of the biosphere in the frame of the galactic system is to achieve a (relative) stability. The biospheres represent an expression or a form of special DYNAMIC stability and lead to a form or expression of special stability in the galaxy too. It has to be seen why and how this could be done.

For achieving this special dynamic stability, the biospheres have certain characteristics, and one of them is to transform the substance, energy and information. This transforming character is given by an intense circulation of the substance, energy and information inside themselves and also reported to the existence environment (physical, chemical, planet, cosmic), being submitted to the generalized conservation and generalized equivalence.

The general idea is that biospheres appear where the galactic cohesion tends to become minimal (critical) (for example, in the case of the galactic periphery) and disappear because of the galactic cohesion which tends to become maximal (compact) (for example, in the case of the galactic center, the case of black holes etc.) (*Figure 2*).

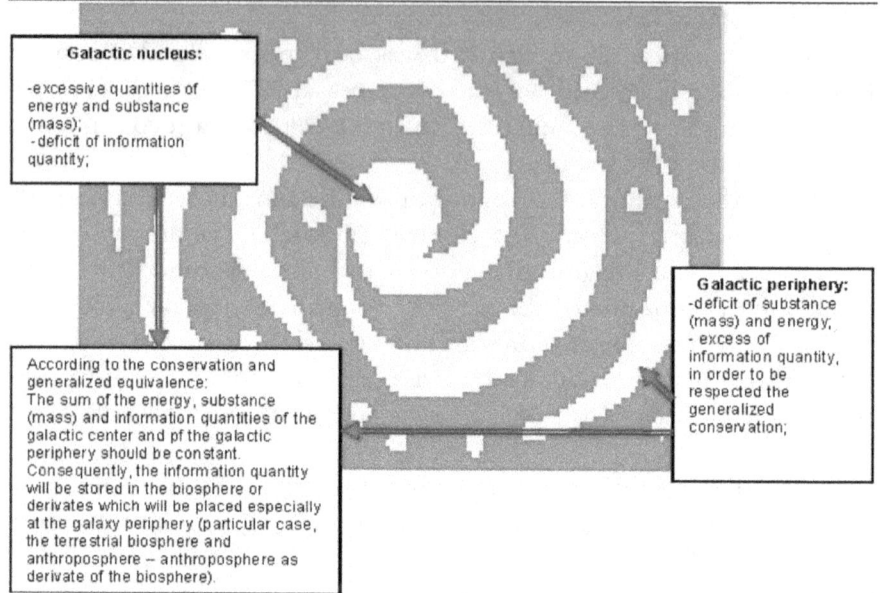

Figure 2 Energy, substance (mass), information repartition, in case of a galaxy (simplified hypothesis) – a possibility

The biospheres (and their derivates, psychospheres, noospheres, intellectospheres, technospheres, parapsychospheres etc.) seem to have a role of regulating an order type (maintain between certain limits this order type). The biospheres (and their derivates) have also a role of recycling the information, energy, information, which otherwise would lead implicitly to the galaxy disorganization.

Both the biospheres apparition and disappear are achieved by respecting the generalized conservation, through the generalized equivalence. The galaxy formation is due to the quantities of substance, energy, information, available at a moment in a region of the Universe. Because of the gravitation there are agglomerations of substance, energy and information.

The substance and energy become compact in the galactic nucleus, and in other cosmic objects (stars, planets, asteroids...), placed, for example at the galactic periphery, so that the substance, energy and information quantities remain constant in ensemble, therefore at the level of the whole galaxy. Subsequently, any substance and/or energy occurred is done on the basis of an information consuming and oppositely.

In other words, the quantities of energy, substance (mass), and information in a galaxy should be constant. These quantities are distributed in different cosmic objects (galactic nucleus, various categories of stars, black holes, biospheres and their derivates etc.), and this distribution is made only in certain rapports clearly established.

Conclusion

Once the galaxies were formed, their "problem" was to have stability, equilibrium (an internal, dynamic stability, different from the gravitational stability). On the other hand, as a result of the quantic and cosmic processes, an immense energy and substance quantity was produced which was necessary to be converted in information and then stored in certain entities. As a result, the biospheres and their derivates have appeared. Between the biospheres and the cosmic environment, as well as between themselves, there were established rapports, connections.

The fact that a big part from the Universe wasn't detected, it seems to be due to the fact that it was converted, through the mass-information equivalence, in information and stored further on in biospheres and their derivates.

Of course, these are only hypotheses and even non-conventional hypotheses that have, therefore the role to drill some zones which are at present totally unknown...

PASSAGE OF PART TWO: THE MYSTERY OF COMMUNICATION IN TIME

Time communication. Means a contact, a certain connection between two or more persons, between two or more consciousnesses located in different eras. As you know, communicating in space is achieved through language (verbal or in writing, in various signals). Is it impossible to link the more people located in different time, for example, a person somewhere in antiquity and another located somewhere in modern times? Maybe not...

2.4. Types of communication in time

Can speak basically two types of communications temporal communications with himself temporal and temporal communication with others ... (Like more talk about influences on the self time and time respectively influences on others).

> *communication in time with himself*
I have met people who said that if he could live again, it would not make the same mistakes would know what to do and how to do to achieve their ideal ... At one point, I thought that, ultimately those people could realize their ideal, if you ... could communicate with themselves ... in the past ... Let's try to return to the past, to remember some moments, happy or unhappy in their childhood ... to relive those moments with maximum intensity ... And then to send back through time, ideas, desires, mental commands ... to repeat it with perseverance ... And then, to communicate with himself at different ages - ten years, fifteen years, twenty years ... try to imagine how you might change it if it had done nothing ... And then maybe the future will change! Will occur at some point a change was going to show otherwise, maybe ... And so part of the world he lives will change ... At first glance, communicating with itself (in the past and in the future), it may seem that there is something disturbing, unbelievable, impossible ... yet perhaps it is not so! Therefore, there is a possibility first: communication with himself in the past. Now, when you say forty, you think about yourself, try to remember how you were twenty years ... And you think ... would have been great if when you have learned a language English foreign language ... say ... And I think today, think tomorrow, you're always thinking about for a month ... you notice of the fact to yourself in the past ... And suddenly, you find yourself ... know English and can find that something in this world close to you has changed ... Yet it is difficult

to realize that something has changed ... you will not even remember that you actually not know English! You must be very sensitive to your remembrance ... WHY? Because actually belong to another world ... The other world, the world in which ... were you who did not know English, is another world! Another world was created through communication and influence while ... It's a miracle? It's impossible ? However, it can not! Obviously, it is almost impossible to accept such an idea ... And it can be so normal for those who are conformists and think according to predetermined schemes ... But it is their problem. However, the truth is much stranger than we can imagine!

Another possibility: communicating with itself in the future ... This time it seems that it is actually a autosugestie conditioning ... or ... Actually ... It is both a temporal and communication. An example ... Suppose someone who has thirty years, hopes that in ten years to make a trip to Egypt and visit the pyramids and Cairo Museum. He transmits this message today, tomorrow, always for a month ... Then, over ten years, behold, bound like an order, give any activity and go to Egypt ... It was a communication in the future a self-suggestion, a conditioning? I tend to think it was a time ... communication ...

> *communication in time with others*

In this case the situation becomes very complicated. Are the following situations:

• Service of a man (or group of people) in the present with someone located in his past ...

• Service of a man (or group of people) in the present with someone located in its future ...

• Service of a man (or group of people) in the past with someone else in the future or future communication with someone from the past ...

• In general, there may be and complex communication from present to past and present into the future or the past in other past and future in a different future ...

But in any communication must take into account several factors ... One of these factors is, of course, the language factor in the case when transmitting a message of this nature - that is a message in a certain language (messages can be visual, auditory, tactile, olfactory, etc.) ... as we remove as language becomes increasingly unintelligible, so all you can say now is that it may send in time, thoughts or images especially when there is a temporal communication performed at intervals greater ... there are some who are wondering why there are so many designs on the walls of caves or on the walls of ancient buildings that seem strange - because those who made those drawings images were received mainly from someone in the future that they then represented on cave walls, or possibly have made various sculptures and other objects that seem strange ...

It is sufficient to refer as an example the so-called frescoes from Tasili, or objects that appear to be some ancient depictions of airplanes ...

> *temporal influence*

It can generally be of two kinds:

• Influence the information - is done primarily by telepathy time (called telepathy temporal or cronotelepatie) or farsightedness time, in other words, an individual can communicate in time with another individual and transmit various information that can influence a way or another; influence may be mutual (both the emitting and receiving information who can be influenced in some way).

• Dynamic Influence - is achieved through telekinesis (telekinesis influence the mind, the psyche of objects) by halving, by materializing, or by emission of energy.

(https://translate.google.ro)

DESPRE AUTOR

Constantin M. N. BORCIA : 1956, octombrie, 23; Facultatea de Fizică - Universitatea București – 1986; doctor Chimie – Universitatea „Politehnica", 2005, București.

Cărţi publicate:

- „*Viaţa mea este ca un labirint (Jurnal oniric)*" ŞI „*Destinul vieţii în Univers*" (Anexa : Moartea şi supravieţuirea), regie proprie, ISBN 973–0 – 03143 – 3, Bucureşti, România, 2003.
- „*Modelarea matematică a proceselor radiochimice în funcţie de regimul hidrologic al sedimentelor dintr-un anumit sector al fluviului Dunărea*" – teza doctorat, Universitatea „Politehnica" Bucuresti, Bucureşti, octombrie, 2004.
- „*Acolo cineva veghează (proza fantastică şi poezii exis tenţiale)*", Editia semnal, Editura Printech, Bucureşti, Romania, ISBN (10)973–718–521–8, ISBN (13)978–973–718–521–1, 2006.
- „*Chemarea stelelor (poezii existenţiale şi însemnări)*", Editura Printech, Bucureşti, România, ISBN 978-606-521-465-1, 2009.
- *Tentaţia Necunoscutului (proză ştiinţifico fantastică)*" Editura Printech, Bucureşti, România, ISBN 978-606-521-464-4, 2009.
- „*Marele mister al Marelui Univers – între realitate şi fantezie*", Editura Printech, Bucureşti, ISBN 978-606-521-500-9, 2010.
- „*Moartea şi supravieţuirea – între certitudine şi ipoteză*", Editura Printech, Bucureşti, ISBN 978- 606-521-501-6, 2010.
- „*Destinul vieţii în Univers (eseu ştiinţifico-fantastic)*", Editura Printech, Bucureşti, ISBN 978-606-521-533-7, 2010.
- „*Dincolo de lumea efemeră (proză fantastică)*", Editura Printech, Bucureşti, ISBN 978-606-521-3, 2010.
- „*Diversitatea cunoaşterii (reflecţii)*", Editura Printech, Bucureşti, ISBN 978-606-521-619-8, 2010.
- „*Locuitor în lumea viselor (ficţiuni)*", Editura Printech, Bucureşti, ISBN 978-606-521-620-4, 2010.
- „*Universul, Viaţa, Conştiinţa – între adevăr şi iluzie (proză fantastică, însemnări, ipoteze)*", Editura Printech, Bucureşti, ISBN 978-606-521-672-3, 2011

- „*Societatea fără principii (scenete umoristico-absurde)*, Editura Printech, București, ISBN 978-606-521-671-6, 2011
- „*Realități subiective (ficțiuni)*", Editura Printech, București, ISBN 978-606-521-713-3, 2011.
- „*Universuri imaginare (ficțiuni)*", Editura Printech, București, ISBN 978-606-521-712-6, 2011.
- „*Un paradis pentru fiecare (scenete umoristico-absurde)*", Editura Printech, București, ISBN 978-606-521-779 –9, 2011.
- „*O lume fascinantă (schițe umoristice)*", Editura Printech, București, ISBN 978-606-521-778-2, 2011.
- „*Misterele Timpului și libertatea gândirii – eseu științifico-fantastic –* Editura Printech, București, ISBN 978-606-521-884-0, 2012.
- „*Această existență bizară – ficțiuni*", Editura Printech, București, ISBN 978-606-521-935-9, 2012.
- „*Hoinărind printre oameni – schițe umoristice și două scenete*" – Printech, 2013, ISBN 978-606-23-0000-5.
- „*Generatorul de idei – proză științifico-fantastică*" – Self-Publishing, 2014, ISBN 978-606-8601-61-8.
- „*Rețeaua spiritelor – proză științifico-fantastică*" – Self-Publishing, 2014, ISBN 978-606-8669-05-2.
- "*O iluzie fără sfârșit (jurnalul unui anonim)*" – Self-Publishing, 2015, ISBN 978-606-8669-21-2.
- "*Realități interzise - proză științifico-fantastică*" – Self-Publishing, 2015, ISBN ISBN 978-606-8669-67-0.
- "*Some assumptions unconventional: Ideas and suggestions for new research directions*" - LAP LAMBERT Academic Publishing, July 15, 2015, ISBN-10: 3659755087, ISBN-13: 978-3659755088, Language: English   (http://www.amazon.com/Some-assumptions-unconventional-suggestions-directions/dp/3659755087)
- „*Speranța nemuririi - Reflecții despre moarte și supraviețuire*" - www.lulu.com, ISBN 9781329930032, Copyright Constantin M. N. Borcia (Standard Copyright License), Published February 25, 2016, Language Romanian.
- „*Mistere fascinante (Fantezii și reflecții)*" - www.lulu.com, ISBN 9781329974647, Publisher: Constantin M. N. Borcia, Copyright Constantin M. N. Borcia (Standard Copyright License) © 2016.

www.ingramcontent.com/pod-product-compliance
Lightning Source LLC
Chambersburg PA
CBHW072132280526
45788CB00002B/605